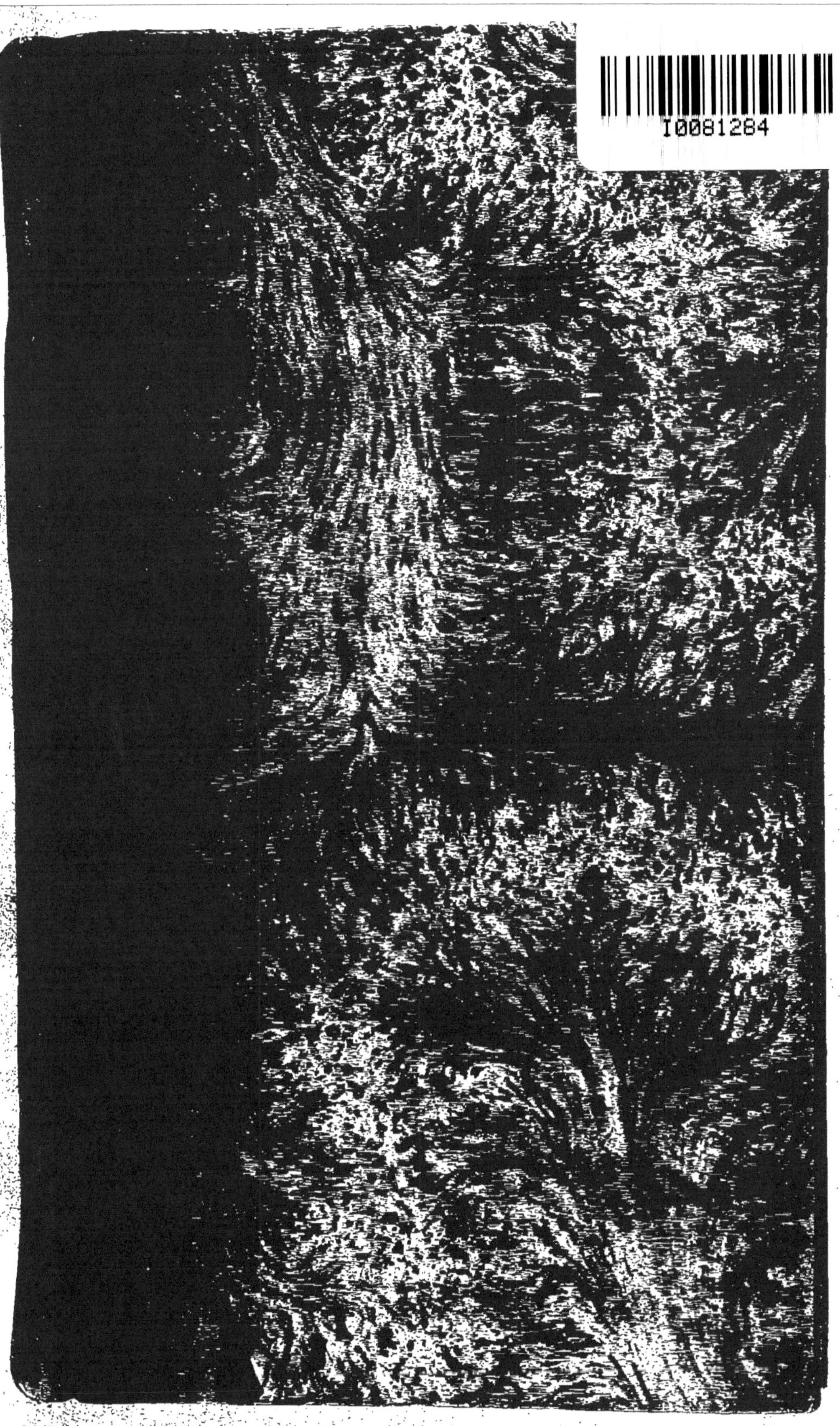

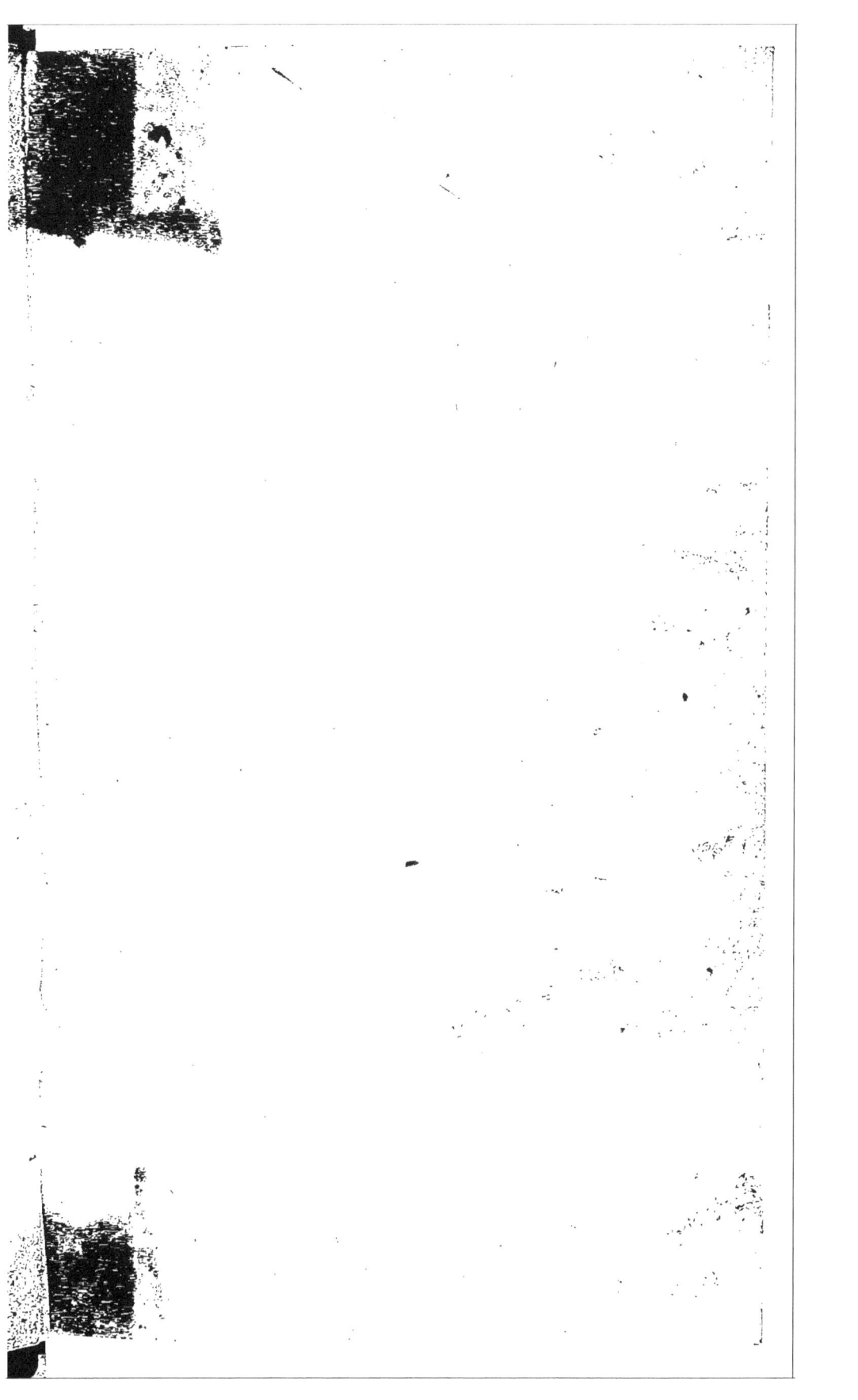

STATUTS
DES MAISTRES
MENUISIERS
ET
EBENISTES

STATUTS,

PRIVILEGES,

ORDONNANCES,

ET

REGLEMENS

De la Communauté des Maîtres Menuisiers & Ebenistes de la Ville, Fauxbourgs & banlieue de Paris.

A PARIS,

Chez J. CHARDON, rue Galande, près la Place Maubert, à la Croix d'or.

M. DCC. LI.

Ces nouveaux Statuts ont été enregistrés & imprimés par les soins & du tems de Messieurs

PRINCIPAL.

André DAMAS.

DE MM. LES JURÉS.

Nicolas Quinibert FOLIOT.
Michel CRESSON.
Jean-Charles SAUNIER.
Pierre-Alexis HEMON.
Jean-Baptiste THIELLEMENT.
JEAN COUILLARD LE COMTE.

STATUTS,

PRIVILEGES,

Ordonnances & Reglemens de la Communauté des Maîtres Ménuisiers & Ebénistes de la Ville, Fauxbourgs & banlieue de Paris.

ARTICLE PREMIER.

LEs Maîtres Ménuisiers ayant de tous tems faits les ouvrages connus & distingués aujourd'hui sous le nom d'Ebénisterie, Marqueterie & placages, & partie de ces Maîtres s'étant depuis plusieurs années uniquement attachés à cette ſorte de Ménuiſerie, en ont pris le titre de Ménuiſiers-Ebéniſtes, ou ſimplement Ebéniſtes, ſans cependant faire un Corps de Communauté ſéparé, les outils, établis, façon de travailler, joints & aſſemblages des uns & des autres étans les mêmes, enſorte qu'en qualité de Maîtres en ladite Communauté, chacun d'eux eſt libre d'embraſſer toutes les parties de ladite Profeſſion, ou de s'attacher uniquement à une d'elles : pourquoi voulons que tout ce que nous diſons, ſtatuons, ordonnons par ces préſentes, ne ſoit pas moins dit, ordonné, ſtatué pour les uns que pour les autres, comprenans ſous le nom de Ménuiſiers, tous ceux qui compoſent ce Corps de

Communauté en général ; & pour veiller à la conſervation des Privileges de ladite Communauté, à l'exécution des préſents Statuts, Ordonnances & Reglemens, & pour l'adminiſtration des affaires d'icelle, il ſera tous les ans quelques jours après la fête de Sainte Anne leur Patronne, procédé pardevant notre Procureur au Châtelet de Paris, à l'élection d'un Principal ou Sindic & de trois Jurés, en la Chambre & Bureau de ladite Communauté ; & à cet effet, dès le lendemain de ladite fête, à l'iſſue du ſervice pour les défunts Maîtres, les Jurés en Charge ou à leur défaut, les anciens prendront le jour de notredit Procureur, & ſon Ordonnance, pour convoquer l'Aſſemblée aux fins de ladite élection, qui ne pourra être retardée plus de huit jours après ladite fête.

II.

L'Assemblée pour ladite élection, sera composée du Principal, des six Jurés en Charge, de tous les anciens Sindics & Jurés, & de vingt-quatre Maîtres modernes & jeunes, lesquels ne pourront y être appellés, s'ils n'ont au moins cinq années de Maîtrise, s'ils n'ont leurs Lettres, s'ils ne sont établis ayant Boutiques ou Atteliers, & s'ils ne payent les droits de Confrerie & de visite, & autres impositions & ce au choix & à la nomination des Jurés en Charge, aux conditions qu'ils ne pourront être mandés pour une semblable élection, que six années après au plutôt, & que la liste qui en ſera faite par les Jurés, ſera communiquée aux anciens dès le lendemain de Sainte Anne, afin d'examiner s'il n'y a aucun des Maîtres nommés dans le cas d'être exclus par le défaut de quelques-unes des conditions preſcrites au préſent Article.

III.

Le Principal, les Jurés en Charge, les anciens, les vingt-quatre Maîtres mandés ſeront tenus de ſe trouver au lieu, au jour & à l'heure indiquées par la ſommation à eux faite la veille, à peine de ſix livres d'amende, au profit de la Confrerie de Sainte Anne de ladite Communauté, ſi ce n'eſt en cas de maladie, ou autre légitime empêchement.

IV.

Le Principal ne pourra être

choisi que dans le nombre des anciens Jurés, pour les représenter en quelque sorte dans l'inspection de la conduite des Jurés en charge en l'administration des affaires de ladite Communauté, & l'ordre d'ancienneté sera observé autant que faire se pourra, à moins qu'il n'y ait des raisons d'exclusion, comme caducité ou autres, & celui qui aura été élû, ne pourra exercer ladite Charge qu'une année, sans pouvoir être continué sous quelque prétexte que ce soit.

V.

Les Jurés seront tenus d'avertir le Principal de toutes les affaires qui concernent la Communauté, pour en délibérer avec lui, il sera à cet effet mandé à toutes les assemblées pour chefs-d'œuvre, ou autres, même se trouvera en la Chambre tous les jours de Bureau, autant qu'il lui ſera poſſible, & s'il a connoiſſance de quelque négligence ou malverſation dans la conduite des Jurés, après leur en avoir dit ſon ſentiment, il convoquera une Aſſemblée génerale des anciens, pour prendre avec eux les meſures néceſſaires pour y remédier.

VI.

En cas du décès du Principal dans les ſix premiers mois de ſon exercice, il en ſera élû un autre par les Jurés & anciens ſeulement, lequel achevera le tems qui reſtera à expirer, après quoi il ſera ancien Syndic, & en aura le rang, de même que s'il eût exercé une année entiere; mais s'il décede dans les ſix derniers mois, un des anciens ſera nommé pour en faire les fonctions le reſte du tems, ſans tirer à conſéquence ; & ſi un ancien étant à ſon tour d'être élû Principal, refuſe de remplir cette place, ſoit pour une année entiere, ou pour achever le tems de celui qui ſeroit décédé dans les ſix premiers mois de ſon exercice, ou ſoit que ſon tour fut paſſé pour raiſons connues à la Communauté, il ne pourra plus y parvenir ſon rang d'ancienneté une fois paſſé.

VII.

Aucun Maître ne pourra être élû Juré, s'il n'eſt d'une probité, conduite & capacité reconnue, & s'il n'a au moins dix années de reception à la Maîtriſe, & autant que faire ſe pourra, ſera tous les deux ans élû un Ebéniſte ſuivant l'uſage, au déſir de la Sentence du Châtelet du 17 Septembre 1699, & de l'Arrêt confirmatif du 31 Août 1706, & à l'instant de l'élection des Jurés ils prêteront serment devant notre Procureur au Châtelet, pour entrer sur le champ en exercice, pendant deux années seulement, sans que le pere & le fils, ou deux freres, puissent remplir les Charges de Principal ou de Jurés en même-tems.

VIII.

Aussi-tôt après l'élection faite, l'un des trois premiers Jurés sera choisi & nommé par le Principal, les Jurés & anciens seulement, pour être le Receveur des deniers de ladite Communauté, & l'un des trois nouveaux, pour être Receveur de ceux de la Confrerie de Sainte Anne leur Patronne; cependant les trois Jurés dans l'une & dans l'autre année de leur exercice, feront folidairement comptables & garants, tant des deniers qui leurs auront été remis lors du compte de leurs Prédéceffeurs, fi aucun y avoit que de ceux de leur Recette.

IX.

Les Receveurs, tant des deniers de ladite Communauté, que de la Confrerie d'icelle, feront tenus à l'inftant de la perception qu'ils en feront, de les mettre en préfence du Principal, des Jurés & anciens, lors préfens, dans un coffre & boëte, qui pour cet effet feront dans le Bureau de ladite Communauté, fermant chacuns à trois clefs, dont l'une fera entre les mains du Principal, une autre entre les mains du Juré-Receveur, & la troisiéme entre les mains de l'un de ses Cojurés, sans que lesdits Receveurs puissent garder ni reserver par-devers eux plus grande somme, que celle de cinq cens livres, pour employer aux affaires courantes desdites Communauté & Confrerie, laquelle somme étant employée, il leur sera permis de reprendre pareille somme.

X.

Les Maîtres & Communauté étant sous la protection de Sainte Anne, qu'ils ont choisi pour Patronne, & en l'honneur de laquelle ils ont une Confrerie érigée en l'Eglise des Carmes-Billettes, dans une Chapelle appartenante depuis un tems immémorial à ladite Communauté, les trois Jurés nouvellement élûs pendant la premiere année de leur Jurande, feront la fonction de Maîtres de Confrerie, auront ſoin de faire célébrer le Service Divin, recevront ſeuls le revenu de ladite Confrerie, & en feront les dépenſes ordinaires; & en cas que la néceſſité en requiere d'extraordinaires, ils ne pourront néanmoins les faire ſans y être autoriſé par une délibération générale du Principal, Juré & anciens, & rendront compte de leur regie à la fin de leurdite premiere année de Jurande, duquel compte ils remettront le reliquat, ſi aucun y a entre les mains de leurs Succeſſeurs; & ſi au contraire ils étoient en avance, ils ſeront rembourſés par la Communauté, à l'effet de quoi ils porteront en dépenſe le reliquat dans le compte de leur Jurande.

X I.

Le droit de Confrerie ſera de dix ſols par an, lequel ſera payé par tous les Maîtres & Veuves, ſans exception qui ſeront en outre tenus à tour de rôle, de préſenter tous les Dimanches & jour de la fête de Sainte Anne, le pain à bénir ſelon l'uſage; & en cas de refus, ils y ſeront contraints par toutes voyes dûes & raiſonnables, & les Jurés autoriſés à faire préſenter ledit pain à bénir pour les refuſans & à leurs dépens, & à employer à cet effet juſqu'à la ſomme de dix livres; pourront néanmoins les Jurés par leur prudence dans le cas d'indigence, joindre enſemble deux ou trois Maîtres ou Veuves, même en diſpenſer les plus indigens.

XII.

Feront les Jurés une très-exacte recherche des perturbateurs de lad. Communauté, ainsi que des ouvriers, qui sans la qualité de Maîtres en icelle, & contre les défenses travaillent en maisons particulieres ou retirées, même dans les Convents, Colleges & Communautés, & trompent journellement le Public, par la défectuosité de la matiere & la mauvaise façon de leurs ouvrages qu'ils vendent néanmoins au préjudice de la Communauté, & de ceux qui les achetent, comme aussi donneront lesdits Jurés tous leurs soins, pour saisir les ouvrages neufs qui se trouveront dans les ruës de notredite Ville, Fauxbourg & Banlieue d'icelle, venant des lieux privilégiés ou prétendus tels, par lesquels le Public est également trompé. Permettons ausdits Jurés de déposer chez tels gardiens qu'ils jugeront bon être les ouvrages qu'ils auront arrêtés & saisis, pour raison de défectuosité de bois ou malfaçons, ainsi que sur les ouvriers sans qualité, lesquels seront confisqués sans ressource pour le faux ouvrier, & en cas où il n'y auroit que défectuosité, n'en pourra être fait main-levée provisoire, qu'au préalable ils n'ayent été vûs & visités par experts, ou gens à ce connoissans, pour constater les défectuosités ou mal façons, lesquels reconnus seront également confisqués, ainsi qu'il sera dit ci-après en l'Art. XIV. des présens Statuts, & dans cet exercice de leurs Charges, pourront lesdits

Jurés se faire assister outre leurs Huissiers, d'un Commissaire, & même des corps-de-garde du guet, qui seront tenus à leur requisition de leurs prêter main-forte, tant de jour que de nuit, suivant l'Art. IV. des anciens Statuts, & au désir des Reglement de Police faits à ce sujet, & notamment à la Sentence du 28 Avril 1703, & à l'Arrêt confirmatif de notre Cour de Parlement, du 25 Mai audit an.

XIII.

Seront tenus lesdits Jurés de procéder en leur ame & conscience, non-seulement à la recherche des perturbateurs du repos de ladite Communauté, & de ceux qui voudront empiéter sur ses droits; mais aussi de faire tous les ans quatre visites générales chez tous les Maîtres

&

Veuves dudit métier, demeurans & tenans Boutique ou attelier en notredite Ville, Fauxbourg & Banlieue d'icelle, tant chez ceux qui travaillent aux ouvrages des bâtimens, meubles, carosses, ébénisterie & placage, soit en bois de chêne, noyer, hêtre, orme, sapin, ébene, & autres que chez ceux qui ont magasin, & revendent les ouvrages dudit métier, sans qu'ils soient pour ce obligés de demander aucune permission ni paréatis, au désir de l'Article III. des anciens Statuts, pour les droits de chacune desquelles visites, les Maîtres & Veuves, exceptés les anciens qui ont passé les Charges de Jurés, seront tenus de payer dix sols, dont moitié pour la Communauté, & l'autre moitié pour les Jurés d'icelle, & en cas de refus, ils y seront contraints par toutes voyes dûes & raisonnables.

XIV.

Et pour donner plus d'émulation auxdits Jurés, & les engager à veiller exactement à ce qu'il ne se fasse aucune contravention ni mauvais ouvrages, il leur appartiendra la moitié de toutes les choses par eux saisies & confisquées, & l'autre moitié à la Communauté, laquelle fera & supportera tous les frais, tant de saisie que de poursuite, même les dépenses extraordinaires & légitimes, que les Jurés seront obligés de faire pour lesdites saisies; ne pourront néanmoins lesdits Principal & Jurés, faire ou suivre aucun appel, sans en avoir auparavant délibéré dans une Assemblée générale des anciens, & la vente des ouvrages ou marchandises saisies & confisquées, sera faite au Bureau de ladite Communauté tous les ans, dix ou douze jours après la fête de Sainte Anne, par l'Huissier d'icelle, au plus offrant & dernier enchérisseur, sans aucune autre formalité, à l'effet de quoi les Jurés comptables seront tenus de se charger en recette dans leurs comptes, de la moitié du produit de ladite vente.

XV.

Pour exciter d'autant plus lesdits Principal & Jurés, de se comporter dignement & diligemment dans la conduite des affaires de ladite Communauté, & leur donner tout le tems d'y vacquer, ils seront exempts pendant les années de leur Charges, de la commiſſion de faire nétoyer les ruës, & de faire allumer les lanternes, & même de celle de Commiſſaires ou Diſtributeurs des pauvres, ou Marguilliers de leurs Paroiſſes, ſinon de leur conſentement, en avertiſſant néanmoins le Commiſſaire du quartier, ou le Curé de la Paroiſſe, préſident deſdites élections, au déſir de l'Art. LVI. des anciens Statuts de 1580, & du ſeptiéme de ceux de l'année 1645.

XVI.

Et en cas de contravention ou prévarication de la part des Receveurs & Jurés, à ce qui eſt ſtatué par les préſens, ils ſeront déchûs de l'eſpérance de parvenir à la dignité de Principal, & même ſi le cas y écheoit, destitués de leurs Charges, à l'effet de quoi il sera délibéré, & la délibération homologuée sera exécutée, pourvû qu'elle soit signée des deux tiers des anciens.

XVII.

Pour les affaires extraordinaires & importantes qui surviendront, les Principal & Jurés convoqueront tous les anciens au Bureau, l'affaire expliquée & mise en délibération, sera décidée à la pluralité des voix, & le résultat inscrit en un Registre uniquement destiné à cet usage, & signé par le plus grand nombre, sera exécuté nonobstant toutes oppositions, & les opposans ou refusans de signer, seront privés de leur droits de présence, au désir du LXXIIIe. Article des anciens Statuts.

XVIII.

Si cependant l'affaire étoit tellement difficile, que les sentimens ne pussent se réunir, en ce cas l'Assemblée sera remise à un autre jour, pour y appeller les Officiers attachés à ladite Communauté comme Notaires, Procureurs, Avocats, & autres intelligens aux affaires, même ceux d'entre les Maîtres qu'on sçauroit être le plus au fait de l'affaire dont seroit question, & le résultat de ladite délibération inscrit & signé sur le Livre, comme dit est en l'Article précédent, sera exécuté par les Jurés ou autres qui seront chargés de le faire, à quoi même en cas de refus, ils seroient contraints sous les peines à eux imposées à la pluralité des voix par les anciens assemblés, & à leur diligence.

XIX.

Pour engager d'autant plus les anciens à se trouver ausdites Assemblées & aider le Principal & les Jurés de leurs conseils, sera donné pour droit de présence, deux jettons d'argent à chacun de ceux d'entr'eux, qui s'étant trouvés à l'heure marquée ausdites Assemblées, auront signé la délibération, de même qu'aux Officiers de Justice, & aux Maîtres, si aucuns ont été mandés, mais rien aux Jurés en Charges ; & pour qu'il n'y ait point d'abus dans ladite distribution, la même délibération fera mention de ceux qui l'auront signé pour la décharge du Trésorier.

XX.

Les trois Jurés en Charge seront tenus huitaine au plutard,

après l'élection des nouveaux Jurés, de remettre ès mains de leurs Successeurs, en la comptabilité, tous les effets, titres & papiers, appartenans à la Communauté, avec l'Inventaire d'iceux, même les deniers, qui pour lors se trouveront dans le coffre fort, en tirant recépissé signé du Receveur, ainsi que du Principal & Jurés en Charge, ensemble les clefs tant dudit coffre & armoire qu'autres, & ce en présence de six anciens nommés à cet effet, se reservant seulement ès mains les pieces justificatives & nécessaires pour leur compte, lesquelles ne seront remises que lors du compte avec l'original dudit compte dont il leur sera signé à chacun un double, pour être par eux gardé pour leur décharge.

XXI

XXI.

Lesdits Jurés sortans de Charge, ou passans de leur premiere année à la seconde, seront tenus de rendre leur compte au plus tard un mois après l'élection, (sous peine d'être exclus du Bureau, & privés de leurs droits de présence pendant un an, au profit de la Confrerie, ou même sous les peines de droit, si le cas y échoit;) & ce au Bureau en présence du Principal des Jurés & anciens, sans autre frais que ceux du compte & droits de présence, & les deniers qui leur resteront à remettre, si aucuns y a, seront comptés sur le Bureau, & délivrés au Receveur, qui en présence de l'Assemblée, les remettra dans la boëte ou coffre fort, fermant à trois clefs; & si au contraire les rendans compte étoient en avance, ils seront remboursés sur le champ des deniers de la Communauté, si aucuns y a, ou sur les premiers deniers qui lui rentreront par préférence à tous autres Créanciers.

XXII.

Nul ne pourra tenir Boutique de ladite Profession de Menuisier, ni travailler pour son compte en chambre ou autrement, qu'il ne soit reçu Maître en icelle; & aucun ne sera reçu sans avoir fait en la maison de l'un des Jurés en Charge, le Chef-d'œuvre qui lui sera prescrit tant en dessein, assemblages, liaisons, contours, moulures & profils, qualité & force des bois au desir de l'Article IX. des anciens Statuts; & ne pourront les Jurés ſouffrir que le Chef-d'œuvre ſoit fait ailleurs que chez eux, ni permettre que le Chef d'œuvrier ou Aſpirant à la Maîtriſe, ſoit aidé par qui que ce ſoit, ſous peine de la deſtitution de la Jurande, encore moins le recevoir ſur un Chef-d'œuvre fait par un autre; deffenſes auxdits Aſpirans de faire aucune fonction de Maître avant d'être reçu, pas même dans le cours de ſon Chef-d'œuvre, à peine de cinquante livres d'amende, applicable à la Confrerie de Sainte Anne, & de ſaiſie & confiſcation des bois, ouvrages & outils, au profit, comme dit eſt en l'Article XIV. des préſens Statuts.

XXIII.

Et nul ne pourra parvenir à la Maîtriſe dudit Art, qu'il ne

faſſe profeſſion de la Réligion Catholique, Apoſtolique & Romaine; & s'il n'eſt originaire François, né notre Sujet, ou qu'il n'ait de nous obtenu lettres de naturalité, duement vérifiées & regiſtrées où beſoin aura été ſuivant le huitiéme Article des anciens Statuts, à peine de déchéance de ladite Maîtriſe dans le cas où il l'auroit acquiſe ſur un faux expoſé. Enjoignons au Principal, Jurés & Anciens, de tenir la main à l'exécution du préſent Art, ainſi qu'à tous les autres, ſous les peines portées au 106e Article des préſens Statuts.

XXIV.

Tous ceux, qui ſous prétexte de nos Lettres de don, ou des Rois nos Prédéceſſeurs ou Succeſſeurs, Privilége de la Reine,

Princes ou Princeſſes de notre ſang, Hôpitaux & tous autres pour quelque cauſe & occaſion que ce ſoit, prétendront à la Maitriſe dudit art, ſeront tenus de faire chef-d'œuvre de leurs mains, ſelon l'ordre des Jurés & chez l'un d'eux en la forme preſcrite au 22e article des préſens Staturs, en payant par eux notre droit de 30 liv. ceux de la Confrerie de 6 liv. & ceux des Principal, Jurés & anciens mandés, ainſi qu'il eſt dit en l'article ci-après, conformément au 98e article des Ordonnances des Etats tenus à Orléans par le Roi Charles IX: à l'article 13 des anciens Statuts, & aux Arrêts contradictoirement rendus en connoiſſance de cauſe le 3 Juillet 1621. & 20 Avril 1624.

XXV.

Le fils ou gendre d'un Maître qui sera ou aura été Juré, ainsi que celui qui aura épousé sa veuve, voulant parvenir à la Maîtrise, payera lors de sa prise de chef-d'œuvre 100 liv. entre les mains du Receveur des deniers de la Communauté, suivant la Déclaration du Roi du 22 Mai 1691. 3 livres pour l'Hôpital, 12 liv. pour le droit d'Etalonage, 6 liv. en celle des nouveaux Jurés pour la Confrerie de Ste Anne, & pour droits au Principal & à chacun des Jurés ainsi qu'au Meneur 4 jettons d'argent, aux Anciens trois, & aux Maîtres mandés deux.

XXVI.

Le fils ou gendre, ainsi que celui qui aura épousé la veuve d'un Maître qui n'aura pas été

Juré, lorſqu'il voudra parvenir à ladite Maîtriſe, payera à ſa priſe de chef-d'œuvre entre les mains du Receveur, ſuivant la ſuſdite Déclaration du Roi de 1691. la ſomme de 150 livres, 9 liv. pour le Bureau, & tout le reſte tant pour l'Hôpital, Etalonage & Confrerie & droits, comme au précédent article des préſens Statuts.

XXVII.

Le fils de Maître né avant la Maîtriſe de ſon pere, & le gendre dont la femme ſera auſſi née avant ladite Maîtriſe, ne pourront jouir en entier du Privilege accordés aux fils & filles nés depuis, mais ſuivant la Déclaration du Roi de 1704. payeront entre les mains que dit eſt, 262 liv. 10 ſ. & le reſte comme les autres fils de Maîtres, ainſi qu'il est dit aux Articles précédens.

XXVIII.

L'Apprentif de notre bonne Ville de Paris, le tems de son apprentissage étant fini, sera encore tenu de servir les Maîtres en qualité de compagnon pendant 3 années au moins, après quoi voulant parvenir à la Maîtrise, il sera tenu de représenter son Brevet d'apprentissage en bonne forme, comme il sera dit ci-après en l'article 88. des présens Statuts, & au bas certificat valable du Maître chez lequel il aura fait son apprentissage de six années, dont il est content, ainsi que de celui des Maîtres qu'il aura servi depuis son enregistrement au Bureau; alors il pourra être admis à faire chef-d'œuvre en payant, suivant là Déclaration de 1691. citée ci-devant entre les mains du Receveur 350 liv. 30 liv. pour notre droit, 15 liv. pour le Bureau, 3 liv. pour l'Hôpital, 12 liv. pour l'Etalonage, 6 liv. pour la Confrerie, & les autres droits portés en l'article 25 des présens Statuts.

XXIX.

Enfin ceux qui n'ont aucunes des qualités de fils, de gendre, de mari, de veuve ou d'apprentif de Maître, & qui dès-là sont étrangers à ladite Communauté, ne pourront parvenir à la Maîtrise dudit art, qu'après avoir servi les Maîtres en qualité de compagnon pendant six années au moins, à compter du jour de leur enregistrement au Bureau qu'ils seront tenus de rapporter avec les certificats en bonne forme des Maîtres qu'ils auront servi qu'en faisant un chef-d'œuvre du double plus fort, tant pour la quantité que pour la qualité de l'ouvrage que celui qui sera ordinairement donné aux Apprentifs de Maîtres par Brevet, & qu'en payant suivant la susdite Déclaration de 1691. 500 liv. entre les mains du Receveur, & le reste comme les Apprentifs, ainsi qu'il est porté en l'article précédent; & si aucun desdits Etrangers demandoit à être reçu avant d'avoir servi les Maîtres pendant 6 années depuis le tems de son enregistrement, comme dit est; en la présente Ordonnance il sera tenu de payer en outre de ce qui est porté au présent article 100 liv. par forme d'amende au profit de la Confrerie de ladite Communauté.

XXX.

Ne ſera fait pour recevoir un Maître que deux Aſſemblées, l'une lors de la préſentation de l'Aſpirant à la Maîtriſe pour délibérer & réſoudre le chef-d'œuvre qui lui ſera ordonné, & l'autre lorſque ledit chef-d'œuvre étant fini, ſera porté au Bureau pour l'examiner & recevoir Maître s'il en eſt jugé capable, leſquelles Aſſemblées ſeront compoſées du Principal & des Jurés en Charge, & en outre pour le fils ou gendre de Maître, ainſi que celui qui en aura épouſé une veuve, de trois anciens Sindics, cinq anciens Jurés compris le Meneur qui ſera toujours pris dans le nombre des anciens Jurés à tour de rolle, à moins qu'il n'y eût quelque défaut ou refus de ſa part, & de quatre Maîtres, & pour les Aprentifs & Etrangers, outre les Principal & Jurés en Charge, de quatre anciens Sindics, ſept anciens Jurés compris le Meneur, & huit Maîtres Modernes & Jeunes.

XXXI.

* Expliqué & modifié par les Arrêts de la Cour, & l'enregiſtrement qui ſont ci-après.

*Nul ne pourra entreprendre aucuns Ouvrages de Menuiſerie de quelque nature qu'ils puiſſent être, s'il n'eſt reçu Maître de laditte Communauté; *deffenſes à toutes perſonnes de quelque état & condition qu'elles ſoient, de s'immiſcer d'en entreprendre*, faire, ni *faire faire aucuns que pour leur uſage perſonnel; faiſons pareilles défenſes aux Maîtres des autres Arts & Métiers*, de faire ſous quelque prétexte que ce ſoit aucuns des ouvrages *de* Menuiſerie, ni *les faire faire* même par les compagnons dudit Métier de Menuisier ou Ebeniste, *les vendre ni distribuer soit en public, soit en particulier*, à peine de confiscation & saisie au profit comme dit dit est ci-devant en l'article 14 des présens Statuts, & en outre de 100 liv. d'amende, applicable à la Confrerie de ladite Communauté, sans que lesdites peines puissent être remises ni modérées, quand lesdits ouvrages se trouveroient bons, & ne seroient en contravention que pour avoir été faits par gens sans la qualité de Maîtres dudit art de Menuiserie.

XXXII.

*Les deffenses générales portées en l'article précédent, sont tellement justes & conformes à nos intentions, en ce que nous entendons que les Maîtres d'une

* Expliqué & modifié par les Arrêts de la Cour, & l'enregistrement qui sont ci-après.

Profeſſion, ayent le droit à l'excluſion de tous autres, de faire & entreprendre tout ce qui eſt du Métier où ils ont acquis la Maîtriſe, que nuls ne peuvent ſans injuſtice s'en trouver bleſſés, étant informés cependant que les Miroitiers, Tapiſſiers, Selliers, Charons & Horlogers ont introduit l'uſage d'entreprendre, faire faire & vendre une partie des ouvrages de Menuiſerie, ce qu'ils n'ont pû faire ſans exceder les droits de leurs Profeſſions, déſirant empêcher la multiplicité des Procès que la communauté des Maîtres Menuiſiers, ſeroit obligé d'avoir avec ces différentes Communautés & celle des Maîtres Menuiſiers voulant bien ſous notre bon plaiſir & pour le bien de la paix, conſentir que leſdits

Miroitiers, Tapissiers, Selliers, Charons, & Horlogers, fassent faire & vendent les ouvrages de Menuiserie & Ebenisterie qui se trouveront joints aux ouvrages de ces différentes Professions, chacune à leur égard, *mais rien au-de-là*, à condition 1°. que chacun d'eux ne pourra faire faire aucuns desdits ouvrages de Menuiserie que par les Maîtres Menuisiers, & qu'ils n'en recevront & admettront aucun chez eux que marqué de la marque du Maître qui l'aura fait. 2°. Que les Maîtres Menuisiers auront le droit d'aller en visite chez les susdits Maîtres Miroitiers, Tapissiers, Selliers, Charons, Horlogers & autres, qui revendent des ouvrages dudit Métier, au desir du troisiéme article des anciens Statuts & des Sentences

& Arrêts rendus à cet effet pour empêcher toutes les contraventions qui pourroient se faire au mépris du présent article. Disons que nous voulons qu'il soit suivi de point en point selon sa forme & teneur, sous peine aux contrevenans de saisie & confiscation, & de 20 liv. d'amende par piéce d'ouvrage de Menuiserie ou Ebenisterie qui se trouvera en contravention, applicable comme dit est en l'article précédent, & enfin à condition que le droit sera réciproque, c'est-à-dire que sous les mêmes conditions, les Maîtres Menuisiers auront aussi le droit de faire faire, & vendre avec leurs ouvrages, ceux des susdites Professions qui auront le droit de vendre les leurs.

XXXIII.

Si les Bourgeois de notre bonne Ville de Paris, Couvent, Colleges, Communautés ou autre, font faire quelques ouvrages dudit Métier pour leur usage par les Serviteurs ou Compagnons d'icelui, ce ne pourra être que sous la condition expresse de nourrir chez eux lesdits Compagnons, & de leur fournir tous les bois, outils & ustenciles nécessaires, sans que les ouvrages ainsi faits, puissent être transportés en une autre maison que celle où ils ont été faits; le tout sous les peines de confiscation & d'amende, comme dit est ci-dessus en l'article 31. & au desir du 60e article des anciens Statuts.

XXXIV.

Lorſque les Bourgeois de ladite Ville acheteront des ouvrages dudit Métier aux lieux privilégiés, ils ſeront tenus de les accompagner, & conduire, les faiſant tranſporter chez eux, ſoit par eux-mêmes, ou du moins par leurs enfans ou domeſtiques en donnant à icelui un certificat ſigné de leurs mains, comme ils ont achetté tel ouvrage chez un tel ouvrier ou Marchand, demeurant à .... pour leur uſage, & non pour d'autres qu'ils font conduire à cet effet chez eux, dans le jour que la perſonne qui accompagne ledit ouvrage, ſe nomme tel & eſt véritablement ſon enfant ou domeſtique, étant actuellement à ſes gages ; ce qu'ils ſeront tenus d'affirmer véritable, en étant requis ; s'il n'y a preuve au contraire, autrement lesdits ouvrages seront saisis & confisqués, le soi-disant domestique emprisonné, & le faux Ouvrier qui a fait l'ouvrage saisi, condamné en cent liv. d'amende, appliquable comme dit est ci-devant.

XXXV.

Chaque Maître de ladite Profession ne pourra avoir qu'une seule Boutique ou Atellier, soit dans la Ville, soit dans les Fauxbourgs ou lieux privilégiés, & sera tenu de faire sa résidence dans le lieu & maison où sera sa Boutique, à peine de fermeture de l'une des deux Boutiques & de 50 liv. d'amende, applicable comme ci-devant ; pourront néantmoins les Maîtres de ladite Communauté, établis en la Ville, avoir outre la Boutique où ils ſont réſidence, un Chantier ou Magaſin pour y ſerrer leur bois, où il leur ſera permis de faire travailler, pourvû que ce Chantier ne ſoit pas dans un endroit privilégié ou prétendu tel, à condition que la porte en ſoit toujours fermée, en ſorte qu'on ne puiſſe voir, & qu'il ne paroiſſe par aucune indication qu'il y ait un Menuiſier dans ce lieu, autrement cela ſeroit réputé deux Boutiques, & comme tel, les peines portées au préſent art. ſeroient encourues par les contrevenans.

XXXVI.

Chaque Maître ſera obligé d'avoir ſa marque particuliere, & la Communauté la ſienne, les empreintes deſquelles marques, ſeront dépoſées au Bureau ſur une nape de plomb qui y ſera à cet effet, & ne pourront leſdits Maîtres délivrer aucun ouvrage, excepté ceux des bâtimens qui n'en ſont pas ſuſceptibles, qu'ils ne les ayent préalablement marqués de leur marque, à peine de confiſcation & de 20 liv. d'amende par piece d'ouvrage non marquée, applicable comme ci-devant; & ceux qui ſe trouveroient avoir contrefaits la marque d'un Maître, outre l'amende de 300 liv. ſeront pourſuivis extraordinairement, ainſi que ceux qui ſciemment y auroient prêté leur miniſtere.

XXXVII.

Deffendons auſſi très-expreſſément à tous Maîtres de prêter leur marque à qui que ce ſoit, & de prendre ou acheter aucuns ouvrages chez un faux ouvrier & les marquer de leur marque, ſous peine de confiſcation deſdits ouvrages & de 100 liv. d'amende, moitié pour la Communauté ou pour le Dénonciateur, avec preuve s'il y en a, même pour le faux ouvrier qui auroit vendu ledit ouvrage, ou à qui un Maître auroit loué ou prêté ſa marque, & l'autre moitié pour la Confrerie de Sainte Anne, comme dit eſt ci-deſſus pour la premiere fois, & d'amende du triple & déchéance de Maîtriſe pour la ſeconde, ſans que les peines puiſſent être remiſes ni modérées pour quelque cauſe ou prétexte que ce ſoit.

XXXVIII.

Faiſons auſſi très-expreſſes deffenſes à tous Maîtres, faux ouvriers ou Marchands des lieux privilégiés ou prétendus tels ; de livrer aucuns ouvrages la nuit ou Fêtes & Dimanches ſous quelque prétexte que ce ſoit, à peine de confiſcation des ouvrages trouvés dans les rues de notredite Ville les jours deffendus ou à des heures indues, venant deſdits lieux ſuivant les Reglemens de Police faits à ce ſujet, quand même ils auroient été trouvés bons venans de chez un Maître ou accompagnés du Bourgeois, & le Maître, faux Ouvrier ou Marchand de chez qui l'ouvrage rencontré & ſaiſi, ſeroit ſorti condamné en 50 livres d'amende, applicable ainſi que la confiſcation des choſes ſaiſies, comme dit eſt en l'article 31 des préſens Statuts au deſir de la Sentence de Police du 5 Mai 1703. & Arrêt de la

Cour du 25 du même mois audit an.

XXXIX.

* Expliqué & interprêté par l'Arrêt de la Cour du 21 May 1751. & d'enregiſtrement ci-après.

* Sans déroger aux deffenſes générales portées au 31e article des préſens Statuts, pourront néantmoins les Fripiers acheter des ouvrages neufs de Menuiſerie, mais ſeulement dans le cas où les Maîtres Menuiſiers ſeront obligés d'en vendre pour ſubvenir à leurs néceſſités, après les avoir marqué de leur marque. Deffenſes très-expreſſes auxdits Fripiers d'en recevoir ni admettre aucuns chez eux ſans ladite marque, ſous les peines de ſaiſie, confiſcation & amende portées au 31e article des préſens Statuts; & pour conſtater cette néceſſité, ſeront tenus les Fripiers, en payant le prix comptant, de tirer du Maître Menuiſier

ſier qui leur aura vendu quittance au bas de ſon mémoire détaillé des ouvrages par lui vendus dans le cas de néceſſité, conformément aux Ordonnances; & à l'égard deſdits ouvrages qui ſeront vendus par autorité de Juſtice, & qui ne ſe trouveront pas marqués de la marque d'un Maître Menuiſier, ſeront tenus les Fripiers, en les achetant, d'en tirer certificat de l'Huiſſier qui aura fait la vente; leur enjoignons en outre de tenir bon & fidel regiſtre journal de tous leurs achats & vente, ſelon la forme preſcrite par les Loix pour y avoir recours en cas de beſoin ſous les peines ci-devant dites.

XL.

En ce qui concerne les Marchands Merciers, ils ne pour-

Expliqué & réformé par les Arrêts du 20 Janv. 1749. & d'enregiſtrement.

ront vendre aucuns ouvrages de Menuiſerie s'ils n'ont été faits par un Maître, & marqués de la marque dudit Maître, à peine de confiſcation & ſaiſie & de 20 liv. d'amende, applicable, comme dit eſt ci-devant & notamment aux 31 & 32e articles des préſens Statuts, & ce pour chaque piéce d'ouvrage qui ſera trouvé chez eux en contravention ; pour quoi ſera permis aux Jurés Menuiſiers d'aller en viſite chez leſdits Marchands Merciers, ainſi que chez tous autres qui vendent des ouvrages de leur Profeſſion, en ſe faiſant à leur égard aſſiſter d'un Commiſſaire outre leur Huiſſier, & en préſence d'un Garde de la Mercerie, ou lui duement appellé par une ſommation qui ſera faite au Bureau deſdits Marchands Merciers, de se trouver les jours & heures qui seront indiqués par ladite sommation au Bureau de la Communauté des Maîtres Menuisiers à l'effet de ladite visite.

XLI.

Tous les ouvrages dudit métier seront bien & dûment faits suivant l'art, & encore de bons bois, sains, secs, loyaux, & Marchand, sans aubiers, nœuds vitieux, piqueures de vers, ni pourritures, & tous les ouvrages dudit métier qui seront trouvés par les Jurés d'icelui pêcher en quelque chose contre les présentes Ordonnances, seront saisis & confisqués comme contraires au Réglement dudit art, même ceux en qui se trouveront rassemblés un assez grand nombre de défauts prohibés par les présens articles pour être estimés de nulle valeur, seront brûlés devant la porte de l'Ouvrier qui l'aura fait, à moins qu'il ne soit demeurant dans un lieu Privilégié, auquel cas ils seront brûlés devant la porte dudit lieu, & le contrevenant condamné en 100 l. d'amende pour la premiere fois, & en plus grande peine en cas de récidive; le tout au profit & applicable comme dit est en l'article 31 des présens Statuts, au desir du 14e article, & suivants, des anciens Statuts.

XLII.

Et parce qu'il est nécessaire que ceux qui font lesdits ouvrages de Menuiserie y ayent l'expérience & l'intelligence la plus parfaite, soit par la connoissance des différentes matieres &

qualités des bois, ou pour la ſcience de bien faire & placer les aſſemblages, en ſorte qu'ils aient non-ſeulement la propreté, mais auſſi toute la bonté & ſolidité requiſe, de façon qu'il ſeroit contre l'intérêt public, & même d'une conſéquence périlleuſe que d'autres que les Maîtres dudit Art s'en mêlent; pourquoi après avoir deffendu à tous autres que leſdits Maîtres, de s'immiſcer de faire par eux-mêmes, ou faire faire par les compagnons Menuiſiers ou autres aucuns des ouvrages de ladite Profeſſion : Enjoignons auſſi auxdits Maîtres de les faire & faire faire ſuivant l'art, ainſi qu'il va être expliqué, & notamment les parquets pour les planchers en quelques endroits qu'ils puiſſent être placés, ſeront bien &

dûment faits, ſoit quarément, ſoit en lozanges ou autres compartimens, en ſorte qu'ils aient toute la ſolidité requiſe; à cet effet les bâtis ſeront au moins d'un pouce & demi d'épaiſſeur, de bon bois de chêne des Provinces d'Auvergne, de Bourbonnois ou autres, ayant du corps, & non de bois dit de vauge ou autres trop gras & caſſans, qui quoique beaux & bons d'ailleurs, ſont néanmoins prohibés pour cette nature d'ouvrage, comme ne pouvant réſiſter à la fatigue que ſouffrent ces ſortes d'ouvrages, leſquels ſeront aſſemblés à tenons & mortoiſes, ainſi que l'art le requiert; & les panneaux d'un pouce d'épais portant languette de cinq à ſix lignes de long, entrantes à rainures dans les batis, & de trois lignes d'épais, les joues de dessus & de dessous de six à sept lignes au moins, les parquets de bois de deux pouces d'épaisseur, étant faits de même bois & façon; les assemblages, panneaux, joues & languettes, seront plus forts à proportion de leur plus d'épaisseur; tous lesquels seront bien & solidement posés de niveau sur lambourdes espacées de 9 pouces d'entrevoux, de force & grosseur competantes, sur lesquelles ils seront cloués à tête perdue, tamponnés, replanis & ragréés avec leurs frizes si aucunes y a, à peine contre les contrevenans de 50 liv. d'amende applicable à la Confrerie de Sainte Anne, & d'être l'ouvrage saisi, rompu & brûlé devant la porte de l'Ouvrier si le cas y échoit, coformément aux anciens Statuts.

XLIII.

Les parquets de Tables de billards, ainſi que les maſſes, taques, houlettes, queues & biſtoquets ſervans auxdits billards, les jeux de roulette, de portique, de trou Madame, gallet, damiers, trictracs & autres ouvrages de cette nature avec leurs pieds & dépendances, ainſi que les fonds de buffets, derriere d'armoire, cheminées, trumaux, miroirs & autres arraſés ou non arraſés, feront bien & dûment faits, aſſemblés à tenons & mortoiſes & les panneaux en rainures & languettes de force & épaiſſeur compétente, le tout ſuivant l'art; & ceux deſd. ouvrages ſujets au paſſage, feront ſolidement poſés & arrêtés en place bien de niveau ou d'àplomb, ſous les peines portées en l'article précédent.

XLIV.

Aucuns ne feront planchers de planches de bois de chêne ou ſapin, qu'ils ne ſoient bien joints en languettes & rainures, & qu'ils ne ſoient poſés bien de niveau ſur lambourdes eſpacées de dix-huit pouces d'intervalle ſous les mêmes peines.

XLV.

Nul ne fera grandes & petites portes d'Egliſe, Châteaux, Villes, Palais, Hôtels, ou maiſon de Particulier, qu'elles ne ſoient de bon bois, comme dit eſt & bien & duement faites, aſſemblées avec battans & traverſes d'une épaiſſeur & largeur ſuffiſante ſelon la grandeur d'icelles, avec mortoiſes & tenons épaulés où l'art le requiert, & les panneaux bien joints en languettes & à clefs duement collés, & au cas qu'il y ait des ornemens de ſculpture à la mode Françoiſe, autres que les décorations d'Architecture & profils de cadre, le tout ſera élégi dans la maſſe des bois autant que faire ſe pourra, ou au moins rapportés & bien joints & collés avec chevilles à colle, y ajoûtant même des vis, la ſculpture étant faite, en ſorte que le tout ſoit fait avec tant d'art que la ſolidité y ſoit entiérement conſervée ſous les peines dites.

XLVI.

Toutes portes d'aſſemblage dites à placard à un ou à deux ventaux de quelque façon, meſures ou profils que ce ſoit, droites ou ceintrées en plan ou en élévation, ſeront bien & dûment faites ſuivant l'art, avec battans & traverſes aſſemblées à tenons & mortoiſes épaulées, où l'art le requiert, & de bon bois comme dit eſt, de force, largeur & épaiſſeur proportionnée à la grandeur & forme d'icelles, ainſi que leurs panneaux bien joints en rainures & languetes dûment collées, ſous pareilles peines que dit eſt.

XLVII.

Les croiſées ou portes croiſées, portes vitrées à un ou à deux venteaux, aſſemblées à plaintes élégies, à pointe de diamant, à trephle ou petits montans à un ou à deux paremens avec ou ſans guichet, de quelques meſures, profils, formes, ou façon que ce ſoit, ſeront bien & dûment faites ſuivant l'art, tant en aſſemblage & profils, que bonté, force, largeur & épaiſſeur ſuffiſante des bois à proportion de la grandeur d'icelles, ſous les peines ci-devant prononcées.

XLVIII.

Les croiſées dites à la Perſanne, jalouſie ou autre de quelque ſorte, nature ou façon qu'elles ſoient, ſeront bien & dûment faites ſuivant l'art, tant en aſſemblages, épaulemens, embrevemens, & enfourchemens néceſſaires, qu'en bonté & force des bois proportionnés à leur grandeur, ſous les mêmes peines.

XLIX.

Toutes doubles croiſées ouvrantes à noix, à feuillures, à coulices ou chaſſis non ouvrants à quelque endroit qu'ils doivent être placés, assemblés à pointes de diamants, à plaintes élégies ou rapportées, arrondies ou quarément, seront aussi bien & dûment faites tant par rapport à la bonté & force des bois, qu'eu égard à la façon, sous les mêmes peines.

L.

Tous les ouvrages d'Eglises, Couvents, Communautés & Chapelles, comme porches, quarrés, ronds ou à pans avec leurs portes, plafonds, revêtemens ou dépendances, troncs, tribunes, jubés, fust ou buffets d'orgues, chaires à prêcher avec leurs rempes & plafonds, bancs d'œuvre, bancs hauts & bancs d'Eglise, confessionnaux, Chapelles, retables & Tabernacles d'Autel, marche-pieds, balustrades, crédances, prié-Dieu, ceintures, ſtales ou chaires de Chœur hautes & baſſes, chaires Epiſcopales ou Abbatiales, pulpitres ou lutrins, lambris ou revêtemens de Chapelle, de Sacriſtie ou de pilliers, armoires hautes ou bas d'armoires pour ſerrer les ornemens ou vaſes ſacrés, châſſes ou reliquaires, Chœurs de Religieuſes ou de Religieux, cellules, oratoires, Chapitres, Biblioteques, refectoires, tours, parloirs, & enfin tous ouvrages d'Egliſe & Couvent, demandant pour la plûpart une force & une ſolidité extraordinaire pour la fatigue que ſouffrent ſouvent leſdits ouvrages par l'affluence du Peuple que la piété & les auguſtes cérémonies de nos ſaints Myſteres attirent aux Egliſes ou autres ſaints lieux, de ſorte que la capacité

& l'expérience la plus consommée dans les ouvrages, y sont absolument nécessaires, ainsi que dans les ouvrages des autres lieux publics, *comme salle d'Opéra, de Comédie & autres.* Pourquoi deffendons très-expressément à tous autres que lesdits Maîtres Menuisiers, de faire, ni faire faire, même pour leur usage, aucuns ouvrages de la Profession de Menuisier pour les Eglises ou autres lieux publics, si ce n'est par les Maîtres dudit Métier, vû les dangers, conséquences & fâcheux accidens qui s'en pourroient suivre; enjoignons aussi très-expressément auxdits Maîtres Menuisiers de redoubler leurs soins & attentions pour tous lesdits ouvrages des lieux publics & dénommés au présent article, tant pour la bonté & force des bois ; que pour la ſolidité des aſſemblages & poſages d'iceux, y employant tout ce que l'expérience & l'art le plus conſommé, leur peut faire mettre en œuvre pour leur perfection, à peine de trois cens liv. d'amende contre chacun des contrevenans au préſent article, applicable à la Confrerie de Sainte Anne, & d'être l'ouvrage caſſé & brûlé devant la porte de l'Ouvrier comme dit eſt ci-devant au deſir des anciens Statuts.

L I.

Tous les lambris d'appui ou de hauteur, chambranle & attiques de cheminées, trumaux avec parquet pour recevoir des glaces ou ſimplement à panneaux, deſſus de portes, embraſement & plafonds de portes

&

& de croiſées de quelque nature, profil, forme & façon qu'ils ſoient, ſeront bien & dûment faits ſuivant l'art, aſſemblés à tenons & mortoiſes épaulées & avec embrevemens & enfourchemens où l'art le requiert; les cadres & bordures aſſemblés en onglet ou autrement, eû égard aux ornemens, les panneaux joints en languettes ou rainures, les bois de force, bonté & épaiſſeur compétente; & ſi le bon goût ou la curioſité de nous ou de nos ſujets demande que leſdits lambris, cheminées, trumaux, deſſus de porte, & autre, ſoient ceintrés en plan ou en élévation avec boſſages pour être ornés de ſculpture, leſdits boſſages ſeront élégis dans la maſſe des bois autant que faire ſe pourra, ou au moins rapportés, joints & collés avec tout l'art & la solidité requise, posés & arrêtés en place, bien d'à-plomb & de niveau, à peine de cinquante liv. d'amende applicable à la Confrerie de Sainte Anne, & d'être l'ouvrage cassé & brûlé devant la porte de l'Ouvrier comme dit est ci-devant.

LII.

Tous bancs de Marchands à dossier ou sans dossiers, comptoirs, bancs de porte ou d'étalage, lambris & armoires de Boutique d'Orphevre, Apotiquaires, Caffés & autres, seront bien & dûment faits de quelque forme & facon que la curiosité & le bon goût des Ordonnateurs le demandent; le tout sous les peines dites.

LIII.

Toutes portes & fermetures de Boutique de quelque forme & façon qu'elles ſoient, ſeront bien & dûment faites, tant celles jointes en languettes & emboëtées ou à doubles joints & feuillures, que celles à compartimens d'aſſemblage de force & ſolidité convenable, ſous les mêmes peines.

LIV.

Toutes portes pleines, contrevents, portes de remiſe ou d'écurie ou autres, ſoit de chêne, ſapin ou autre bois, ſeront bien & dûment faites, ſoit jointes en languettes & rainures emboëtées par un ou par les deux bouts à tenons & mortoiſes épaulées & avec refuite ſuivant l'art, ou barrées avec barres ſimples ou à queues, écharpes ou croix de S. André, & à celles exposées aux injures de l'air ou à la violence sur rue, cour ou jardin, & même sur l'escalier, il y sera ajoûté des clefs outre les languettes pour plus grande solidité, sous les peines ci-devant prononcées.

L V.

Tous auvens sur rue, cour & jardin, simples ou avec plafonds, droits ou ceintrés de quelque forme ou façon qu'ils soient requis, seront bien & dûment faits suivant l'art, & solidement posés de niveau sur un bon bâtis de bois de chêne de force compétente, sous les peines ci-devant dites.

L V I.

Toutes tablettes, fonds ou derrieres d'armoire d'assemblage, ou seulement joints en languettes blanchies au rabot ou brutes, ſoit de bois de chêne, ſapin ou autres bois, ſeront bien & dûment faits & poſés ſuivant l'art, ainſi que les cloiſons, tambours, planchers de ſoupente & autres avec leurs huiſſeries de portes & couliſſes haut & bas s'il en eſt requis, ſous les mêmes peines.

LVII.

Tous chambranles de portes ou croiſées ceintrées ou non ceintrées ſeront bien & dûment faits tant en aſſemblages que profils avec plaintes par bas aſſemblés à queues ou au moins entaillés à moitié, bois pour recevoir les embraſemens & lambris ſi aucuns y a, & en outre de bonté de bois & force compétente & non plaqués, poſés d'àplomb & de niveau ſolidement arrêtés, ſous leſdites peines.

LVIII.

Tous chaſſis de portes & autres ſeront bien & dûment faits, tant en aſſemblage, que force & bonté des bois rainés pour recevoir les embraſemens & lambris, ſi aucuns y a, effeuillés & carderonnés, s'il eſt ainſi requis bien & ſolidement poſés & arrêtés en place d'à-plomb & de niveau, ſous les peines ci-devant prononcées.

LIX.

Toutes trapes de cave ſeront faites de bon bois de chêne de deux pouces d'épais bien jointes en languettes & à clef, avec barres à queue en deſſous, & les tourillons qui entrent dans les chaſſis, ſeront de droit fil autant épaulés deſſus comme dessous, ainsi que celles d'assemblages qui seront composées de batans & de traverses d'une largeur suffisante ; le tour au moins de deux pouces d'épaisseur, dont les assemblages seront bien & dûment faits, observant les épaulemens nécessaires sous les peines ci-devant prescrites au desir des 21 & 22e articles des anciens Statuts.

L X.

Toutes caisses d'orangers ou autres arbrisseaux, décorations ou cabinets de treillage, bancs de jardin à dossier ou sans dossier, seront bien & dûment faits tant en assemblage que profils, tournures ou autres ornemens bien & solidement posés, & les panneaux desdites caisses & dessus de bancs bien joints en languettes & même à clefs, ſous les mêmes peines.

LXI.

Tous buffets ou bas de buffets, armoires pour ſerrer linges, habits, vaiſſelle d'argent, papiers ou autres meubles & effets de quelque forme, nature, bois ou façon qu'ils ſoient, seront bien & dûment faits tant en bonté, ſolidité ou force de bois, qu'en aſſemblages, profils, en obſervant les épaulemens, enfourchemens & embrevemens néceſſaires auxdits aſſemblages, & garniſſant les ſaillies des corniches de tenons, pigeons ou autres liaiſons où beſoin ſera; les portes ou guichets, portans recouvremens à feuilleures ſur les bâtis ou chambranles, & les panneaux, fonds & tablettes, bien joints en languettes & reinures, leſquels

quels entreront auſſi en languettes dans leurs bâtis, ſous les peines ci-devant dites.

LXII.

Et parce que les coffres forts de quelque grandeur, forme ou façon qu'ils ſoient, ſont deſtinés à la conſervation des effets les plus conſidérables des familles, Voulons que les bois qui y ſont employés, ſoient des meilleures qualités, des plus vifs, parfaitement ſains & ſecs, loyaux & marchands, & que les pieds & pans d'iceux, ſoient d'une force, groſſeur & épaiſſeur ſuffiſante, qu'ils ſoient bien aſſemblés à tenons & mortoiſes, embrevemens, enfourchemens, queues recouvertes ou autres liaiſons convenables ſuivant l'art, les fonds, deſſus & panneaux bien joints en languettes

& rainures avec clefs ; que le tout ſoit bien arraſſé par dehors & par dedans , que les pieds ſoient en dedans creuſés à fond de cave , & que le deſſus ſoit aſſemblé à bois de fil, & les emboëtures élégies pour former un recouvrement par devant & par les côtés du coffre , y ajoûtant au ſurplus tout ce que l'art & l'expérience la plus conſommée pourra leur ſuggérer pour la plus grande bonté, ſolidité & propreté deſdits ouvrages, ſous les peines ci-devant prononcées.

LXIII.

Toutes bordures ou cadres grands & petits de tableaux, miroirs, cheminées, trumaux, deſſus de portes ou eſtampes, corniches, friſes ou architraves, ſeront bien & dûment faits, tant en assemblages que profils à tenons, mortoises & pignons, aux bouts des onglets & aux saillies des corniches & autres, observans les épaulemens requis par l'art, & s'ils sont ornés de couronnemens, coins ou milieux pour être sculptés, les bossages nécessaires seront élégis dans la masse, ou au moins rapportés avec tout l'art & la solidité possible, sous les peines ci-devant dites au desir des 42 & 43 articles des anciens Statuts.

LXIV.

Toutes huches & pétrins ou magasins à mettre farine, grains ou graines, seront bien & dûment faites & assemblées à queues ou avec pieds & traverses de grosseur, largeur & épaisseur compétente, le tout suivant l'art; & les panneaux, fonds & dessus bien joints en languettes & arrassés en dedans, & une ou deux barres sous le fond suivant la grandeur des magasins, huches ou pétrins, sous les peines ci devant prescrites au desir des 36 & 37 articles des anciens Statuts.

L X V.

Voulons & ordonnons que les Jurés dudit Métier de Menuisier continuent de visiter seuls les huches de bois de sapin, qui selon l'usage sont amenés en notredite Ville de Paris sur les radeaux dits trains, brestes, coupons ou éclusées par les Marchands Forains des Provinces d'Auvergne & de Bourbonnois, qui ont seuls ce privilége, & pour cette seule nature d'ouvrage, à condition qu'elles soient bonnes & bien conditionnées, faites à tenons & mortoises & non autrement ; & ce faisant, seront lesdits Jurés payés du droit de cinq sols pour chaque huche à eux de tout tems pour ce dû, avec pouvoir à eux de les saisir lorsqu'elles se trouveront défectueuses, soit par la façon ou mauvaise qualité des bois, avec deffenses à toutes personnes de quelque état & condition ou qualité qu'elles soient, de les troubler ou empêcher à peine de cent l. d'amende applicable, moitié au profit des Jurés, & l'autre moitié à la Confrerie de Ste Anne leur Patrone, & de tous dépens, dommages & intérêts, & ce, pour d'autant plus les engager au maintien & à la conservation des Privilèges de leur Communauté, suivant & au desir du 35 article des anciens

Statuts & des Sentences du Prévôt de Paris du 14 Avril & 4 Mai 1619. & afin que les Jurés ſoient avertis de l'arrivée deſdites huches, ſeront tenus ceux qui les feront venir en notredite Ville de Paris d'en ſignifier l'arrivée au Bureau de ladite Communauté des Maîtres Menuiſiers en même tems que l'arrivée de leur bois, & ce dans le jour qu'ils toucheront le port, avec déclaration du nombre, qui ne pourra cependant excéder celui de deux par chaque brêle, écluſée ou coupons de bois à ouvrer, pour enſuite de ladite ſignification, leſdits Jurés en aller faire la viſite, & les marquer de la marque de ladite Communauté, ſous peine d'être leſdites huches ſaiſies & confiſquées, moitié au profit de ladite Communauté, & l'autre au profit des Jurés d'icelle, & d'amende de 10 livres pour chaque huche non déclarée, amenées en plus grand nombre que dit est ou défectueuses, applicable à la Confrerie desdits Maîtres Menuisiers, avec deffenses très-expresses auxd. Marchands, ainsi qu'à tous autres, de faire venir en notredite Ville, Fauxbourg & Banlieue d'icelle, aucuns autres ouvrages de Menuiseries finis ou non finis, sous prétexte de Marchandises, d'abondance ou autres, à peine d'être lesdits ouvrages saisis & confisqués, & de l'amende de de 300 liv. applicable comme dit est ci-après en l'article 98 des présens Statuts.

LXVI.

Et quoique les Maîtres Menuisiers de notre bonne Ville de Paris ayent le droit & Privilége de faire travailler dans toute l'étendue du Royaume, & même pour l'étranger, lorsqu'ils en sont requis ; leur deffendons néanmoins ainsi qu'à tous autres, de faire faire en Campagne aucuns ouvrages pour les faire venir en cette Ville finis ou non finis de quelque nature qu'ils puissent être, & sous quelque prétexte que ce soit, à peine d'être lesdits ouvrages saisis & confisqués, moitié au profit de la Communauté, & l'autre aux Jurés d'icelle, & de 100 liv. d'amende applicable à la Confrerie de Ste Anne, comme dit est ci-devant ; n'entendons toutefois comprendre dans la présente deffenſe les ouvrages que les Maîtres dudit Métier auroient fait faire dans ladite Ville pour la Campagne, & dont une partie reviendroit pour cauſe de changement ou autre, en prouvant par leſdits Maîtres ce fait, s'ils en ſont requis dans le cas où la Communauté n'auroit pas de preuves au contraire.

LXVII.

Tous bancs à coucher d'antichambre, de Boutiques, d'écurie, coffres à avoine, cloiſons & ſouſpentes, ſoit de bois de chêne ou autres, en bois neuf ou de bateau, tous poteaux & rateliers, fonds d'auge d'écurie, lambris de derriere ou autres ajuſtemens, feront bien & dûment faits tant en aſſemblages & joints, qu'en force de bois compétente, toutes cloisons à claire-voye pour être recouvertes de plâtre, ou autres avec ou sans huisserie, seront de bon bois vif, & posés solidement d'àplomb ou de niveau, à peine de 20 liv. d'amende, applicable à la Confrerie de Ste Anne, comme dit est; comme aussi les Maîtres Menuisiers feront seuls les bieres ou cercueils de bois pour les défunts; deffenses à aucuns autres de les faire conformément à l'article 30 des anciens Statuts, sous peine d'être saisis & confisqués, moitié au profit de ladite Communauté, & l'autre au profit des Jurés d'icelle, & de 50 liv. d'amende qui sera encourue tant par ceux qui contreviendront à la présente deffense, que par ceux qui voudroient soûtenir les contrevenans, & troubler les Maîtres Menuisiers dans le maintient du présent Privilége, applicable à la Confrerie de Sainte Anne, comme dit est.

LXVIII.

Tous escaliers de Menuiserie, soit à noyau, vis, rampans ou limons, avec marches, contre-marches, soit en planches ou d'assemblages, à compartimens de parquet, seront bien & dûment faits tant en assemblages dans les noyaux ou limons, qu'en languettes & rainures dans les marches & contre-marches, suivant l'art, & posés bien solidement d'àplomb & de niveau, ainsi que leurs palliers ou planchers, sous peine, comme dit est en l'article 31 des présens Statuts.

LXIX.

Toutes couchettes de domestiques, lits de sangle, lits de suite, lits à la Duchesse, bois de lits à colomnes, en tombeau ou à bas pilliers avec leurs dossiers, pans, barres, enfonçures, tringles d'antibois, dossiers tournés, chassis & impériales, lits de berceaux à balustres ou sans balustres, berceau, remuettes, dossiers à Malades, tables de lits & autres, seront bien & dûment faits tant en assemblage que tournure, pans, chanfrins, sculptures ou autres ornemens, dont les pans, pilliers ou colonnes, seront de bon bois, de grosseur & force compétente, soit en bois de chêne, noyer, hêtres, merisiers ou autres, & soit qu'ils se montent avec vis, ou qu'ils soient chevillés; les dossiers en seront bien joints en langueres, & assemblés dans les pieds, ou portés par des coulisseaux, les pans entaillés pour recevoir & porter les barres & traverses d'enfonçures, ou du moins avec tasseaux bien rapportés & arrêtés sur lesdits pans; & les Impériales de quelque forme & façon que ce soit, seront assemblés avec tout l'art requis auxdits ouvrages, sous les peines ci-devant prononcées.

LXX.

Tous fauteuils de Chambre à bras de bois, fauteuils de commodités à bras, garnis ou en manchettes, chaises de tables, de chambres ou autres, tabourets ou banquettes, sieges dits ployans, chevalets pour fumer, pieds de bassin, de fontaine ou cuvette, bidets à laver, lits de repos, Duchesses, chaises longues, dites commodes, bois d'écran, canapés ou sophas ceintrés sur le plan ou non ceintrés, de quelque forme ou façon qu'ils soient, pour être garnis d'étoffe ou de canne, & autres sieges & lits tels qu'ils soient, seront bien & dûment faits, tant en assemblages, que chanfrins, tournure ou sculpture ou tels autres ajustemens ou ornemens que nous & nos sujets puissent y desirer ; pour quoi, nous confirmons aux Maîtres Menuisiers le droit qu'ils ont eu de tout tems, d'orner, enrichir & perfectionner leurs ouvrages, à condition que le tout sera bien fait & conditionné sous les peines ci-devant.

LXXI.

Les pieds de table en consoles ou autres, seront bien & dûment faits, & la force & solidité y seront conservées malgré les différentes formes, contours & chantournemens qui pourroient y être employés, tant en plan qu'en élévation, l'art suppléant a l'affoiblissement que pourroient recevoir les bois, tant des consoles & noix qui les reçoivent par bas, que frises du haut, auxquelles il sera toujours ajoûté une ou plusieurs barres à queue, pour les lier avec la traverse de derriere, sous les mêmes peines.

LXXII.

Et comme la bonté & solidité desdits ouvrages consiste principalement dans la justesse des assemblages, ils seront faits avec tant d'art, & les boſſages pour la ſculpture ſi bien obſervés, qu'ils ne puiſſent être découverts, altérés, ni affoiblis par ladite ſculpture; & ſi leſdits ouvrages ainſi conditionnés & bien préparés, ſe trouvoient par la ſuite gâtés par le fait du Sculpteur, qui ſans égard auxdits aſſemblages, auroit ôté trop de bois au droit d'iceux ou dans quelqu'autre partie, il en ſera garant, ſoit envers les Menuiſiers, ſoit envers les Bourgeois.

LXXIII.

Pourront leſdits Maîtres Menuiſiers entreprendre la ſculpture de leurs ouvrages, y faire toutes ſortes d'ornemens, feuillages, ſtatues & portraits grands & petits, & les orner & enrichir de tout ce que l'art & l'expérience pourra journellement leur

leur faire découvrir, avec deffenses à tous Sculpteurs, Peintres, Architectes & autres, de les y troubler à peine de cent livres d'amende, applicable comme dit est, à la Confrerie de Ste Anne, & de tous dépens, dommages & intérêts, suivant l'article 65 des anciens Statuts, & l'Arrêt du 18 Juin 1622.

LXXIV.

Toutes portes battantes, chassis, feuilles de paravents de toutes façons, pour être garnis de toile, papier ou autres étoffes, ou remplis de panneaux, tous chassis de tableau, de décorations de Théâtre, feux d'artifice, cataphalques, mausolées & autres, toutes machines, soit en bois de chêne, sapin & autres bois, toutes échelles doubles ou simples d'assemblage, seront bien & dûment faits suivant l'art, en observant les épaulemens, enfourchemens, embrevemens & entailles nécessaires, sous les peines ci-devant dites.

LXXV.

Tous outils de Menuisiers, comme varlopes, demi-varlopes à onglet, rabots, guillaumes, feuillerets, bouvets, rabots, ronds, mouchettes & tous autres outils de moulure, seront bien & dûment faits suivant l'art, & de bon bois de Cormier, toutes tables de cuisine pour hacher, & établis propres aux seuls Menuisiers & Sculpteurs en bois, les dessus en seront d'étaux de hêtre de cinq à six pouces d'épais assemblés dans de forts pieds de bois de chêne avec traverses & entretoises par le bas, toutes tables à manger ou à dresser fruits & desserts ; établis de Tailleurs avec leurs pieds ou treteaux, tous bancs de cuisine ou office, les tours à pâte, armoires dites étuves, moulins à bras, barquettes pour porter services avec leurs bâtons, seront aussi bien & dûment faits suivant l'art ; le tout sous les peines ci devant dites.

LXXVI.

Tous perroquets ou sieges ployans, tritaux, pieds de table ou escabeaux brisés, tous lits de camp à colomnes ou à tombeaux brisés, tous fauteuils, tables, chaises simples ou percées aussi brisées ou à ressort, de quelque mode ou façon que ce soit, seront bien & dûment faits tant en assemblage, que *tournure & ferrure*, en joignant à la légereté requise ès-dits ouvrages, toute la solidité possible ; à cet effet, les pieds, traverses ou pans, seront assemblés à tenons & mortoises ; & au droit des brisures, sera observé de petits bouts de tenons de quatre à cinq lignes seulement de longs épaulés des deux côtés, avec mortoises de cinq à six lignes de profondeur dans le bois du bout pour les recevoir ; le tout de bon bois, vif & sain, sans aucun défaut, & fait suivant l'art comme dit est, sous les peines portées aux articles précédens, au desir des 47 & 48 articles des anciens Statuts.

LXXVII.

Les métiers pour Rubaniers, Pasmentiers, Tapissiers, Brodeurs, montures de métiers à faire des bas & autres ouvrages de cette nature, seront bien &

dûment faits, ſoit en tournure ou à pans, le tout ſuivant l'art, de bons bois, vifs & ſains, comme dit eſt, ſous les peines dites, & notamment en l'article 41 des préſens Statuts, au deſir du 52ᵉ article des anciens.

LXXVIII.

Tous futs d'arquebuſe, de fuſil, de mouſquets, piſtolets & autres armes, ſeront d'une piéce, & les canons, platines & autres garnitures, ſeront bien proprement & ſolidement ajuſtées & arrêtées en iceux, & leurs baguettes de bon bois de fil, vif, & dûment dreſſés & polis, leurs virolles par le bout bien ajuſtées & arrêtées, ſous les mêmes peines que ci-devant, conformément au 44ᵉ article des anciens Statuts, & à l'Arrêt de notre Cour de Parlement du 30 Avril 1580.

LXXIX.

Les tretaux & chevalets pour monter de petites pieces de canons, seront bien & dûment faits, les pieds assemblés dans les têtes à tenons & mortoises, ayant leur pente, comme il conviendra, & les traverses ou entretoises de pareils assemblages, sous les peines ci-devant dites au desir du 45e article des anciens Statuts.

LXXX.

Les lances, piques, espontons, hallebardes, javelots & autres armes de cette nature, seront faites de bois de fil, sain & vif, sans aucun nœud, parfaitement bien dressés & arrondis, & le fer proprement & solidement ajusté, ferré & cloué au bout, sous les mêmes peines, au desir de l'article 46 des anciens Statuts.

LXXXI.

Tous bois de carrosses, berlines, berlingots, litieres, vis-à-vis, voitures nommées bateaux, gondoles, corbillards, chaises de postes, à porteur, ou roulantes, avec leurs battans, soufflets, coches, *charriots branlans* à la mode de Flandre, d'Italie ou autres, chars de triomphe & cassettes, tant pour notre usage & service, que pour celui des Reines, Princes & Princesses ou autres, de quelque mode & façon que ce soit, & sous quelque nom qu'on puisse donner auxdites voitures, seront bien & solidement assemblés, en y employant tout l'art que l'expérience la plus consommée a pû ou pourroit inventer, tant pour la bonté & solidité, que pour la légereté & commodité d'icelles, ensorte que quelques ornemens, contours ou formes que notre bon goût ou curiosité, ainsi que des Reines, Princes & Princesses ou Ambassadeurs, qui viendront en notre Cour ou autres, pourroient y désirer, ne puissent cependant y préjudicier en aucune façon, sous les peines ci-devant dites.

LXXXII.

Tous bureaux, commodes en pied de biche, en tombeau ou autres de quelque forme ou façon que ce soit, armoires, bibliotheques, secrétaires, tables de bureau, à écritoires, à écran, de nuit ou à jouer ou sans tiroirs, pulpitres de toute façon, boëtes d'horloges dites à minutes,

tes, à ſecondes ou autres boëtes de pendules ou porte-montre avec leurs conſoles ou ſcabellons, encoignures, écritoires, crachoirs, tablettes à mettre des livres, cadres ou bordures de miroirs, tableaux ou eſtampes, chaiſes percées, guéridons & tous autres ouvrages en bois de mériſier, noyer, chêne, ſapin, hêtre, mériſier, poirier, olivier, cedre, amarante, ébeine, paliſſante, violet & autres non plaqués, ſeront bien & dûment faits tant en aſſemblage, que contour, chantournemens, profils, tournure, ſculpture ou autres ornemens de quelque forme, matiere ou façon que ce ſoit, obſervant les tenons, mortoiſes, queues, épaulement, enfourchemens & autres liaiſons que l'art requiert pour la bonne ſolidité & propreté deſdits ouvrages, & les tiroirs tant pour iceux, que pour tous autres, ſeront bien aſſemblés à queue d'hironde ; les fonds deſdits tiroirs, ainſi que les deſſus de bureaux, de tables, de commodes, panneaux & autres où il faut raſſembler pluſieurs largeurs de planches enſemble, ſeront bien & dûment joints en languettes & rainures, ſous les mêmes peines.

LXXXIII.

Tous les ſuſdits ouvrages & autres qui ſeront faits pour être plaqués de bois de mériſier, olivier, ébeine, violet, amarante, paliſſante, ſatiné la Chine ou autres bois de marqueterie, cuivre, étain, argent ou or, écaille de tortue, nacre de perles, pi erre, pierreries ou autres matieres, seront aussi ornés de leurs bronzes, dessus de marbre, ou autres, garnies de drap, maroquin, velours ou autres étoffes, ainsi qu'il est requis, & enfin tout ce que la curiosité de nous ou de nos Sujets pourra y désirer, pour l'ornement, enrichissement & perfection desdits ouvrages de Menuiserie, Ebénisterie, avec deffense de les y troubler, à peine de cent livres d'amende, applicable à la Confrerie de Sainte Anne, comme dit est ci-devant, à condition que les bâtis en seront bien & dùement faits, suivant l'art, en y observant les assemblages, tenons & mortoises, queues d'hironde, joints en languettes & rainures & autres liaisons nécessaires, & que les bois en seront bons, vifs, secs & sains,

& en outre en traverſant & replaniſſant les parties extérieures pour recevoir les bois & autres matieres que l'on voudra plaquer avec rabot à dents, s'ils en ſont ſuſceptibles, afin de donner plus de corps à la colle, ainſi que l'art le requiert, ſous les peines ci-devant dites.

LXXXIV.

Voulons non-ſeulement que les ouvrages dudit métier ſoient bien & ſolidement faits comme dit eſt, mais encore que les aſſemblages y ſoient ſi bien placés & faits avec tant d'art qu'ils ne puiſſent être découverts, affoiblis ni altérés par les contours, élégiſſemens, feuillures ni replaniſſage, qui ſera cependant fait juſqu'au vif, en ſorte qu'il n'y reſte aucun trait & marque du ſciage ni tache de noir venant du flotage , & dans le cas où les tenons, par la solidité de l'ouvrage, passeront à travers les battans ; ils rempliront entierement & exactement leurs mortoises , au desir de l'art , sous les peines ci-devant dites.

LXXXV.

Et comme il n'y a point d'art qui procure plus de commodité & où il se trouve tant de différentes sortes d'ouvrages à faire, que dans celui desdits Maîtres Menuisiers & Ebénistes , ce qui nous jetteroit dans un détail à l'infini, puisque malgré le nombre de ceux dénommés aux présens Statuts , il s'en faut bien que ceux qui dépendent dudit art , y soient exprimés : Disons enfin que n'y ayant point de Profession qui ne porte un caractère distinctif , soit par la matiere qu'elle employe, par la façon de travailler & par les outils qui lui ſont annexés & uniquement attachés, qu'entre toutes celles dont les bois ſont la matiere principalle de leurs ouvrages, la Menuiſerie & Ebéniſterie qui en fait partie, ſe diſtingue par la juſteſſe, l'élégance, le poli & la propreté de ces différens ouvrages, ainſi que par la façon de les travailler en ſes joints & aſſemblages, & par les outils uniquement annexés & attachés à cette Profeſſion, de façon que tous ouvrages de bois dreſſés, dégauchis, corroyés à la varloppe, au rabot, aſſemblés à tenons & mortoiſes ou à queues, ſont ouvrages de Menuiſerie dès que pour les faire l'on aura employé la varloppe ou le rabot, pour dreſſer, joindre ou replanir le bec d'âne ou cizeau à planche & guillaume pour faire mortoises ou tenons, embrevemens ou enfourchemens, ou les différens outils de moulures pour faire profils, les bouvets pour joindre, & enfin tous ceux où il y a placage de bois ou autres matieres sur un bâti où il a fallu employer quelques-uns des assemblages ou outils dénommés au présent article, seront reconnus pour être du fait & de la Profession de Menuisier; * & comme tels deffendus à tous autres, comme nous leur deffendons par ces présentes, sous les peines ci-devant prononcées & nottamment au 31e article des présens Statuts.

LXXXVI.

Quoique les Jurés Menuisiers

* Expliqué par l'Arrêt du 21 May 1751.

ſoient de nous autoriſés de ſaiſir tous les ouvrages faits par gens ſans la qualité de Maîtres en ladite Profeſſion , ainſi que eeux qui ſe trouveroient avoir quelqu'un des défauts prohibés par les préſens Statuts pour empêcher toutes conteſtations & fraudes à ce ſujet ; voulons en outre qu'ils ſoient également bien fondés à ce faire , quoique leſdits ouvrages ſe trouvent ſculptés , peints , vernis , dorés , garnis ou ferrés , auquel cas ces acceſſoires ne pouvant rendre bonne la Menuiſerie qui en eſt la baſe , ni donner à celui qui l'auroit faite une qualité qu'il n'auroit pas , ſeront ſaiſis avec elle , à moins qu'ils ne puiſſent être ôtés ſans rien gâter ni détériorer en la choſe , & confiſqués au profit comme dit eſt , quoique faits par Maîtres d'autres professions, sauf à eux, s'il n'en sont pas payés, leur recours contre l'ouvrier qui aura fait la Menuiserie saisie, lequel sera en outre condamné en l'amende, comme dit est en l'art. 31 des présens Statuts.

LXXXVII.

Aucun Maître, & encore moins aucun faux Ouvrier ni Compagnon, ne pourra travailler pour un Bâtiment ou autre ouvrage commencé par un Maître, que ledit Maître qui aura travaillé avant lui pour le Bourgeois ou Seigneur ne soit payé, & que sa quittance finale ne lui ait été représentée par celui qui veut l'employer, qui sera tenu de lui en donner copie de lui certifiée, comme ne devant rien à ce Maître ni à aucun autre Maître de ladite Profession de Menuisier, à peine contre l'Ouvrier qui travaillera au préjudice de la présente deffense de cent livres d'amende, applicable à la Confrerie de Sainte Anne, comme dit est ci-devant & de payer en son nom, sauf son retour contre le Bourgeois ce qui sera dû au Maître qui aura travaillé pour cette même personne, & en outre, si ce second Menuisier n'a pas la qualité de Maître, d'être déchu du droit de parvenir à ladite Maîtrise.

LXXXVIII.

Les Maîtres dudit métier ne pourront avoir qu'un Apprentif, lequel sera obligé avec ledit Maître pour six années entieres & consécutives, & non pour moins de tems par Brevet passé par devant Notaires au Châtelet de Paris, ſigné & ratifié par les Jurés en charge ou au moins par deux d'entre eux, & néanmoins quand les trois premieres années de l'apprentiſſage de ce premier ſont expirées, pourront leſdits Maîtres prendre un nouvel Apprentif, ſous les mêmes conditions ; pour quoi ſera payé aux Jurés pour chaque Brevet lors de la ratification d'icelui, la ſomme de dix-huit livres, ſçavoir dix liv. pour la Communauté, une livre pour la Confrerie, une liv. pour l'Hôpital, deſquels ils ſe chargeront en recette dans leur compte, & ſix liv. pour les ſix Jurés. Deffendons à tous Maîtres d'en avoir un plus grand nombre ſous leur nom, leur permettant ſeulement d'en avoir encore deux autres aux mêmes conditions sous le nom d'un autre Maître, qui n'ayant pas assez d'occupation pour se charger de faire les éleves, ou pour quelqu'autres raisons, voudroit bien lui céder son droit à cet égard, avec deffense à ceux qui se chargeront d'apprentifs, de les garder chez eux plus d'un mois avant de les obliger sous prétexte de les avoir à l'essai, à peine de cinquante livres d'amende, applicable à la Confrerie de Sainte Anne, & de tous les dépens, dommages & intérêts des Apprentifs, à moins que le retard ne vienne de la part des Apprentifs ou de leurs parens, qui ne se trouveroient pas pour lors en état de contribuer à la dépense de leur Brevet; mais si au bout d'un autre mois cette raiſon ſubſiſte encore, le Maître ſera tenu de renvoyer le jeune homme; le tout au deſir du 53e article des anciens Statuts.

LXXXIX.

Si un Maître eſt mécontent de ſon Apprentif, ſoit pour cauſe de fainéantiſe, inſolence, libertinage, friponnerie ou autres, il en portera ſes plaintes aux Jurés en leur Bureau, pour être par eux apporté le Réglement à ce néceſſaire; ſi au contraire l'Apprentif a quelques plaintes à faire, il lui ſera auſſi permis de le faire venir, afin d'obtenir de ſes Jurés la juſtice qui leur ſera dûe, ſur quoi ſera libre auxdits Jurés d'ordonner ce que de raiſon, même d'annuler le Brevet; ſi l'Apprentif eſt un ſi mauvais ſujet, qu'ils voyent qu'il n'eſt pas poſſible d'en rien faire de bon ; mais s'ils jugent qu'ils doivent être tranſporté à un autre Maître, le premier Maître qui leur aura avant leur déciſion remis le Brevet ès mains, n'aura plus aucun droit ſur cet Apprentif, & les Jurés lui donneront un autre Maître pour achever le tems qui lui reſtera à faire, dont il ſera paſſé acte devant Notaires au pied de ſon Brevet, lequel ſera de nouveau ratifié par les Jurés, pour quoi leur ſera payé 6 liv.

X C.

Ordonnons à tous Compagnons ſortans d'apprentiſſage, arrivans du dehors, ou réſidans à Paris, de ſe faire enregiſtrer au Bureau de leur Communauté en un Regiſtre tenu à cet effet par les Jurés, s'ils veulent travailler en icelle, pour quoi payeront cinq ſols pour le droit d'enregiſtrement & certificat qui leur en ſera délivré, ſous peine à ceux deſdits Compagnons qui ne ſatisferont pas à la préſente Ordonnance, d'être privés d'ouvrage en ladite Ville, Fauxbourg & Banlieue de Paris, par la deffenſe très-expreſſe que nous faiſons aux Maîtres de les employer qu'en leur repréſentant ledit certificat des Jurés en bonne forme, qu'ils ſeront en outre tenus de faire renouveller & viſer tous les ans dans le courant du mois de Juillet; & pour lors ils ne payeront plus que deux ſols ſix deniers, ſous peine contre les Maîtres contrevenans de 20 liv. d'amende pour chaque Compagnon qu'ils auroient employé ſans certificat en regle, comme dit eſt, applicable à la Confrerie de Sainte Anne ; & lors de la viſite que font les Jurés chez tous les Maîtres & veuves quelques jours avant la Fête de Sainte Anne, chacun d'eux ſera tenu de donner auxdits Jurés un état juſte contenant le nombre des Compagnons qui travailleront actuellement pour eux, ſoit en leur Boutique, atteliers ou ailleurs, & les déſigner par noms, ſurnoms & ſobriquets, ſans en excepter aucun, à quoi ils ajouteront ceux de leurs Apprentifs, qu'ils certifieront véritables, ſous la même peine de l'amende dite ci-devant au deſir des Reglemens de Police, & du 62e article des anciens Statuts.

XCI.

Deffendons à tous Maîtres dudit métier, ou autre tel qu'il soit, de souſtraire, ſuborner, attirer, ni admettre chez lui, & de donner de l'ouvrage à aucun fils de Maître ou Compagnon, qu'il ne lui ait fait voir outre le certificat de Jurés portés en l'article précédent, celui du pere ou du dernier Maître qu'il aura servi, par lequel il ſera dit qu'il en eſt content, & conſent qu'un autre Maître l'employe, ſous peine contre le Maître ou autre qui lui auroit donné de l'ouvrage ſans ledit certificat ou conſentement, de vingt liv. d'amende, & dix livres contre le Compagnon contrevenant au préſent article, en quoi ils ſeront ſolidairement condamnés, & nul ne pourra quitter ſon Maître, qu'il ne l'ait averti de sa sortie, quinzaine auparavant, & qu'il n'ait fait & parachevé l'ouvrage qu'il a entre les mains, & le Maître sera en droit de refuser son certificat, si le Compagnon n'a satisfait à la présente Ordonnance, les susdites amendes applicables à la Confrerie de Sainte Anne, comme dit est ci-devant au desir des 57 & 58e article des anciens Statuts.

XCII.

Faisons aussi très-expresses deffenses à tout Compagnon dudit métier, non-seulement de faire aucune action, entreprise ni fonction de Maître pour qui que ce soit en notredite Ville, Fauxbourgs & banlieue d'icelle, si ce n'est dans les cas expliqués aux présens Statuts, ſous les peines portées ci-devant au 31e article ; mais encore d'avoir chez lui en ſa chambre, maiſon, auberge ou par-tout ailleurs, un établi ou table forte percée de trous pour mettre valet, ſur quoi il puiſſe travailler, ſous peine (quand il n'y feroit pas trouvé travaillant) d'être ledit établi ſaiſi & confiſqué, comme dit eſt audit article 31. enſemble les gros outils, ſi aucuns s'y trouvent, comme varloppes, demi-varloppes, valets, ſergents, rabots, feuillerets, guillaumes, ſcie à refendre & autres, excepté ceux de moulures qui ſont les ſeuls qui leur ſont permis d'avoir chez eux, leſquels ſeront bien ſaiſis chez l'hôte ou le voiſin dudit Compagnon, & même par-tout ailleurs, dès qu'ils ſeront trouvés chez gens qui n'ont pas la qualité de Maîtres de ladite profession ; mais ordonnons auſdits Compagnons de bien & fidélement ſervir les Maîtres, pour ſubvenir aux beſoins publics, ſoit à la tâche, ſoit à la journée, au deſir du Maître par qui ils ſeront employés ; dans le premier cas ils ſeront tenus de bien faire & parfaire ſuivant l'art, les ouvrages qui leur ſeront confiés & ſuivant les meſures, formes & profils qui leur ſeront ordonnés, avec toute la juſteſſe & la préciſion que cet art demande ; dans le cas de la journée ils ſeront en outre obligés de ſe rendre à l'ouvrage exactement aux heures qui ſont d'uſage en ladite profeſſion, à peine de tous dépens, dommages & intérêt dudit Maître.

XCIII.

Comme aussi deffendons à tous Compagnons qui seront en Maison Religieuse, Colleges, Communautés ou autres endroits, mêmes Privilégiés ou prétendus tels de notredite Ville, Fauxbourgs & Banlieue de Paris, de tenir, ni avoir sous eux aucuns Compagnons ni Apprentifs, à peine contre le Compagnon entreprenant de l'amende dite en l'article 31 des présens Statuts, & sous plus grande peine en cas de récidive ou de continuité au desir du 55e article des anciens Statuts, & contre les Compagnons ou Apprentifs qui auront travaillés pour un faux Ouvrier ou Compagnon sans qualité, d'être privé au moins pour une année d'ouvrage en ladite Ville, Fauxbourgs & Banlieue d'icelle.

XCIV.

Deffendons pareillement à tous Compagnons dudit métier, de faire aucunes assemblées ou cabales sous prétexte de Confrerie ou autres, à peine de 20 liv. d'amende contre chacun des Contrevenans, d'être les effets appartenans à ladite Confrerie des Compagnons, saisis & confisqués, le tout au profit de la Confrerie de Sainte Anne des Maîtres Menuisiers, & de tous dépens, dommages & intérêts au desir des Arrêts de notre Conseil des 9 Août & 16 Décembre 1680. Déclaration du 22 Mai 1691. Sentence de Police du 9 Août 1695. & Arrêt de notre Cour de Parlement du 4 Janvier 1696.

XCV.

Si quelques Compagnons vont travailler pour les Bourgeois de notredite Ville, Colleges, Couvents ou autres, ils ne le pourront faire qu'à la journée & non par entreprise, sans pouvoir rien fournir comme dit est au 33e article des présens Statuts ; & seront lesdits Compagnons tenus avant de commencer l'ouvrage d'en venir faire leur déclaration au Bureau de ladite Communauté, pour être icelle enrégistrée, afin que, s'il y a plainte contre quelques-uns d'eux de la part de ceux qui les employeront, les Jurés puissent y mettre ordre, le délinquant étant connu, & que lesdits Jurés puissent visiter leurs ouvrages, que nous leur ordonnons de bien & dûment faire suivant l'art, conformément aux présens Statuts ; le tout à peine de cinquante livres d'amende contre les Contrevenans, applicable comme dit est à la Confrerie de Ste Anne pour la premiere fois, & d'être en outre déchu du droit de parvenir à la Maîtrise en cas de récidive, au desir du 60e article des anciens Statuts.

XCVI.

Les veuves des Maîtres dudit Métier pourront continuer de faire le commerce & Métier de Menuiserie, ainsi que faisoit ou pouvoit faire leur mari, & pour cet effet, tenir boutique, attelier ou magasin en notredite Ville, Fauxbourgs & Banlieue d'icelle, & ce, tant & si longtems qu'elles demeureront en viduité, sans être obligée de

payer

payer autre chofe que les droits de vifite, de Confrerie & autres tels que les payent les autres Maîtres, à condition toutefois, fi elles n'ont pas de fils en état de conduire leurs ouvrages, qu'elles feront obligées, pour ce faire, de prendre un Compagnon ou ferviteur expert & entendu en l'art de Menuiferie, de le préfenter & faire agréer par les Jurés qui enrégiftreront la veuve & le compagnon en un regiftre qu'ils tiendront à cet effet, & ou le compagnon quitteroit la veuve, après néanmoins l'avoir avertie comme dit eft, ou feroit renvoyé par elle, elle fera tenue d'en venir faire fa déclaration au bureau, & de préfenter aux Jurés, leur faire agréer & enregiftrer le nouveau compagnon qu'elle voudra prendre, au lieu de l'ancien, à peine de ſaiſie & de confiſcation des ouvrages, & de cinquante livres d'amende tant contre la veuve, que contre le Compagnon qui ne ſatisferoient pas à la préſente Ordonnance, applicable comme dit eſt, à la Confrerie de Ste Anne; pour quoi enjoignons auxdites veuves de demeurer en perſonne au lieu & maiſon où elles feront faire leurs ouvrages, afin de ſe trouver lors des viſites des Jurés, que le bail de la maiſon, boutique ou attelier, ſoit en ſon nom, ainſi que les marchés de bois & d'ouvrages, & que les outils, établis & autres uſtenciles néceſſaires à la Poſeſſion, lui appartiennent, & ſoient marqués de ſa marque, le tout ſous les mêmes peines, & en outre de fermeture de Boutique.

XCVII.

Arrivant le décès d'un Maître ou d'une Veuve, le fils qui ne sera pas Maître, sera tenu de fermer la boutique ou attelier trois mois après au plus tard, lequel délai lui sera accordé par grace, pour parvenir à la Maîtrise, s'il le souhaite, & pour finir les ouvrages qui auroient été commencés lors du décès de sesdits pere & mere ; & ledit tems passé, s'il ne s'est pas fait recevoir Maître, & est trouvé tenant Boutique, travaillant pour son compte, ou ayant encore les bois, outils, établi ou autres ustenciles dudit Métier ; ces choses seront saisies & confisquées avec amende, comme dit est en l'article 3 des présens Statuts.

XCVIII.

Pourront les Maîtres dudit Métier faire venir du dehors, pour leur compte, les bois dont ils auront besoin ; & à l'égard des bois que les Marchands Forains feront venir sur les Ports de notredite Ville, ils seront achetés par les Maîtres dudit métier, à la charge que que tous les Maîtres qui se trouveront lors de la livraison, en auront leur part, si bon leur semble, suivant le prix & aux mêmes conditions convenues avec le vendeur, par le premier desdits Maîtres qui en aura fait le marché, auquel cas il y aura lotissement entre eux ; pour quoi lesdits bois garderont le Port au moins trois jours francs sans compter les Fêtes & Dimanches, & ne pourront être enlevés par qui que ce soit, qu'après lesdits trois jours expirés. Pourront aussi les Bourgeois avoir part auxdits lotissemens, s'ils ont paru auparavant que les lots soient faits, en payant le même prix, à la charge néanmoins d'employer lesdits bois à leur usage, & non pour le revendre & en faire le regrat, le tout à peine de saisie & confiscation des bois trouvés en contravention des présentes Ordonnances au profit des Dames & Couvent de S. Cyr, & de trois cent liv. d'amende, applicable, un tiers aux Jurés Menuisiers qui auront fait la saisie, un tiers à leur Communauté, & l'autre tiers à la Confrerie d'icelle, sur lequel tiers sera néanmoins pris moitié pour le Dénonciateur, si aucun y a, au desir du 66e art.

des anciens Statuts de l'article 21 du Chap. 3 de l'Ordonnance du Mois de Décembre 1672. concernant la Police sur les Ports de la Ville de Paris.

XCXIX.

Enjoignons à tous Marchands Forains & autres de ne faire venir en notredite Ville de Paris que de bons bois, sains, & des meilleurs qualités, ayant leurs longueurs, largeur & épaisseur, au desir des Reglemens de Police faits à ce sujet, & notamment à la Sentence du Bureau de la Ville du premier Juin 1699. confirmée par Arrêt de notre Cour de Parlement du 23 Février 1701. & à l'article 19 de la susdite Ordonnance du mois de Décembre 1672. & pour obliger les Marchands à s'y conformer; les Jurés Menuisiers ou ceux de leurs Maîtres qui seront par eux commis à cet effet, faisant le lotissement ordonné en l'article précédent, feront aussi le rebut des pieces défectueuses, ou qui n'auroient pas les longueurs, largeurs & épaisseurs requises & dans la livraison desdits bois, seront tenus les Marchands & autres, de se conformer à la Sentence de la Ville & à l'Arrêt confirmatif cité ci-dessus : voulant en outre empêcher absolument le regrat qui se fait journellement des susdits bois : ordonnons auxdits Marchands Voituriers & autres qui font venir ou amenent lesdits bois de Menuiserie, de prendre Lettres de voitures des Ports ou lieux d'où ils tirent lesdites Marchandises contenant le nombre, espece &

qualité de leurs bois ſpécifiés en tant de trains, coupons, brailes, écluſées, bateaux ou autres voitures, leſquelles Lettres ſeront légaliſées par le Juge le plus proche du Port ou lieu de leur départ qui indiquera en même temps le lieu de leur deſtination, ſous les peines portées en l'article 98 des préſens Statuts, & au deſir des articles 8 & 9 du chap. II. de ladite Ordonnance de 1672.

C.

Ordonnons pareillement ſous les mêmes peines portées en l'article 98 des préſens Statuts aux Voituriers, Mariniers, Marchands ou autres qui ameneront ou feront venir leſdits bois en notre Ville de Paris, de ſignifier au Bureau des Maîtres

Menuiſiers d'icelle l'arrivée deſdites Marchandiſes au tel Port de ladite Ville dans le jour qu'elles toucheront ledit Port, la Lettre de voiture en tête avec la légaliſation faite par le Juge le plus proche de l'endroit d'où elles ſont parties, enſemble le jour qu'elles doivent être tirées de l'eau ou déchargées des bateaux ou autres voitures, afin que les Jurés Menuiſiers en faſſent la viſite & le lotiſſement, comme dit eſt dans les trois jours qu'elles doivent tenir Port, après avoir été mis à terre avant d'être vendues & livrées conformément à l'Edit du mois de Juin 1700. & à l'Arrêt du Parlement du 23 Février 1701. confirmant la Sentence de la Ville, le tout cité en l'article précédent.

C I.

Deffendons à toutes perſonnes, ſans aucune exception même aux Maîtres dudit Métier de Menuiſier, d'aller au-devant des bois de Menuiſerie deſtinés pour la Ville de Paris, & de les acheter en chemin, non plus que dans l'eau, étant arrivés aux Ports d'icelles; voulons qu'ils ſoient mis à terre, & qu'ils ſe conforment au reſte aux Reglemens de Police faits à ce ſujet, & notamment à ceux portés aux préſens Statuts, à peine contre les Acheteurs, de confiſcation de ladite Marchandiſe, & contre les vendeurs, de perte du prix d'icelles, & de l'amende encourue tant par les uns que par les autres au profit, comme dit eſt au 98e article des préſens

Statuts, conformément à l'article 2. du chap. III. de ladite Ordonnance de 1672. & au desir du 67e article des anciens Statuts.

CII.

Disons que les Marchands Forains & autres tiendront Port jusqu'à l'entiere vente & délivrance de leurs bois, leur faisons deffenses de vendre à aucun autre Marchand & auxdits Marchands d'en acheter à peine de confiscation des bois, perte du prix d'iceux, & de l'amende de trois cens livres, comme dit est en l'article 98 & suivans des présens Statuts, au desir de l'article 23 du chap. 3 de l'Ordonnance de 1672. & de la Sentence du Bureau de la Ville, & Arrêt confirmatif d'icelle ci-devant cités.

CIII.

Deffendons à tous Marchands, Voituriers, Facteurs, Commissionnaires ou autres de vendre lesdites Marchandises de bois propre à la Menuiserie, ni en recevoir arres ou denier adieu, qu'ils n'aient préalablement fait au Bureau desdits Maîtres Menuisiers la déclaration de l'arrivée desdites Marchandises portée au 101e article des présens Statuts, & aux Maîtres dudit Métier ainsi qu'aux Bourgeois & à tous autres d'en acheter, que l'original de la signification ne leur ait été représentée par le vendeur qui sera tenu d'en fournir son certificat aux acheteurs, au desir des 68 & 69 articles des anciens Statuts & du 33 du chapitre 17 de ladite Ordonnance de 1672. le tout ſous les peines portées au 98 article des préſens Statuts contre chacun des contrevenans.

CIV.

Nul, s'il n'eſt Maître Menuiſier ou Marchand Mercier, ne pourra avoir magaſin deſdits bois de Menuiſerie à ouvrer pour en faire Marchandiſe dans notredite Ville, Fauxbourgs & Banlieue d'icelle; deffendons à tous Marchands Forains de mettre leurſdits bois ailleurs que ſur les Ports publics, & d'avoir aucuns chantiers ou magaſins où ils ſoient empilés avec lattes ſous leurs noms, ni celui de leurs Commis, Facteurs ou autres perſonnes interpoſées, au deſir du 70e article des anciens Statuts, & du 24e du chap.

3 de l'Ordonnance de 1672. ſous les peines contre les Contrevenans portées au 98e article des préſens Statuts.

C V.

Deffendons aux Tourneurs pareillement de revendre & faire le regrat de tous bois de ſciage, qu'il n'ait par eux été ouvré & employé aux ouvrages de leur métier. Faiſons auſſi pareilles deffenſes à tous Déchireurs de Bateaux, de faire le regrat deſdits bois de Menuiſerie, & de vendre aucuns bois à ouvrer que ceux provenans de leurs bateaux déchirés, au deſir du 71e article des anciens Statuts, & ſous les peines contre chacun des contrevenans, portées en l'article 98 des préſens Statuts, toutes leſquelles peines prononcées en ces préſentes ordonnances ſeront doubles en cas de récidives, ſans qu'il puiſſe en être fait remiſe ni modération en aucuns cas, ni ſous quelque prétexte que ce ſoit, dès que la contravention ſera conſtatée.

CVI.

Et afin que la Communauté deſdits Maîtres Menuiſiers puiſſe tirer des préſens Statuts, Ordonnances & Reglemens, les avantages que nous voulons bien lui procurer; enjoignons à tous & à chacun de ceux qu'il appartiendra, de tenir la main à l'exécution d'iceux ſelon leur forme & teneur, & notamment au Principal ou Sindic en charge, & aux Jurés d'icelles, en veillant avec toute l'exactitude & l'attention poſſible, & néceſſaires à ce qu'il n'y ſoit contrevenu en aucune façon, sous peine contre les négligens de perdre leurs droits de présence, & en cas de récidive ou faute plus grave, que la simple négligence, destitués de leurs charges, comme incapables de l'exercer, & ce, à la diligence des anciens, du Sindic ou des autres Jurés en Charge seulement, & non d'autres, pas même des Maîtres, qui n'ayant pas passé les Charges, n'ont pas le droit d'assembler la compagnie, & à qui nous deffendons très-expressément de faire entr'eux aucune ligne ni càbale pour troubler la paix & l'union d'icelle, sous peine de cent livres d'amende, applicable à la Confrerie de ladite Communauté contre chacun des contrevenans.

Vû

Vû par Nous, Claude Henry Feydeau, Chevalier, Seigneur de Marville, Conſeiller du Roi en ſes Conſeils, Maître des Requêtes ordinaires de ſon Hôtel, Lieutenant Général de Police de la Ville, Prévôté & Vicomté de Paris, & François Moreau, Conſeiller du Roi en ſes Conſeils d'Etat privé, Honoraire en ſa Cour de Parlement & Grand-Chambre d'icelle, Procureur de ſa Majeſté au Châtelet de Paris, premier Juge Conſervateur des Privileges des Corps des Marchands, Arts, Métiers, Maîtriſes & Jurandes de la Ville, Fauxbourgs & Banlieue de Paris; les Statuts de la Communauté des Maîtres Menuiſiers de la Ville & Fauxbourgs de Paris, contenant cent ſix articles; notre avis eſt ſous le bon plaiſir du Roi & de Monſeigneur le Chancellier, que leſdits Statuts ne contenans rien qui ſoit contraires aux Reglemens de Police & au bien public, peuvent être accordés ſans aucun inconvénient. Fait le vingt-huit Décembre 1743. Signé, Feydeau de Marville, & Moreau.

LOUIS, PAR LA GRACE DE DIEU, Roi de France & de Navarre, à tous préſens & à venir, nos bien aimés les Maîtres Menuiſiers & Ebéniſtes de la Ville, Fauxbourgs & Banlieue de Paris, nous ont fait repréſenter que leur Communauté a toujours été régie par d'anciens Statuts & Reglemens confirmés par Lettres Patentes des Rois nos Prédéceſſeurs, & en dernier lieu par celles du feu Roi de glorieuſe mémoire, notre très-honoré Seigneur & biſayeul du mois d'Août 1645. mais que les termes, dans leſquels ſe trouvent conçûs ces anciens Reglemens, n'étant plus en uſage, & d'ailleurs le tems & l'expérience ayant fait reconnoître des abus qui n'avoient point été prévûs, les Expoſans ont dreſſé des nouveaux Statuts & Reglemens contenus en cent ſix articles, dans leſquels ils ont raſſemblé tout ce qui peut être de plus convenable au ſervice du Public & de plus utile à leur Communauté, mais leſdits nouveaux Statuts & Reglemens ne pouvant avoir d'effet ſans les Lettres qui doivent les confirmer & en assurer l'exécution; les exposans nous ont très-humblement fait supplier de les leur accorder; A CES CAUSES, voulant favorablement traiter lesdits exposans, & leur donner les moyens d'établir & d'entretenir dans leur Communauté le bon ordre & la Police nécessaires au service du Public & au bien particulier de ladite Communauté, nous leur avons permis & accordé, & de notre grace spéciale pleine puissance & autorité Royale; permettons & accordons par ces Présentes signées de notre main, de former entre eux, comme ils ont fait jusqu'à présent un Corps en Jurande & Communauté de Maîtres Menuisiers, Ebénistes de la Ville, Fauxbourgs & Banlieue de Paris, & d'élire en la forme prescrite par lesdits Statuts & Reglemens, les Principal, Sindic & Jurés de la probité & capacité requises pour le service & conservation des droits, & pour l'administration des affaires de ladite Communauté, lesquels, après le serment par eux prêté en la maniere accoûtumée, feront toutes les fonctions de Jurande & les recherches & visites nécessaires pour le bien & la Police de ladite Communauté, & tiendront la main à l'exécution desdits Statuts & Reglemens contenus en cent six articles, & ci attachés sous le contre-scel de notre Chancellerie, lesquels Statuts & Reglemens nous avons des mêmes grace, pouvoir & autorité que dessus approuvés, confirmés & autorifés ; approuvons, confirmons & autorisons par cesdites Présentes ; Voulons & nous plaît qu'ils soient gardés, observés & exécutés selon leur forme & teneur par lesdits Exposans, leurs Successeurs & tous autres, sans qu'il soit contrevenu en quelque sorte & maniere que ce puisse être, pourvû toutefois qu'en iceux il n'y ait rien de contraire à nos Ordonnances ni de préjudiciable à nos droits & à ceux d'autrui. Si Donnons en mandement à nos amés & féaux Conseillers les gens tenans notre Cour de Parlement à Paris, à notre Prévôt de Paris ou son Lieutenant Général de Police & à tous autres nos Officiers & Justiciers qu'il appartiendra, que ces Présentes ils ayent à faire registrer

& de leur contenu jouir & uſer, leſdits Expoſans & leurs Succeſſeurs pleinement, paiſiblement & perpétuellement ceſſans & faiſans ceſſer tous troubles & empêchemens contraires : car tel eſt notre plaiſir ; & afin que ce ſoit choſe ferme & ſtable à toujours, nous avons fait mettre le ſcel à ces Préſentes. Donné à Verſailles au mois de Mars l'an de Grace 1744. & de notre Regne le 29e. Signé, LOUIS, & ſur le replis par le Roi, ſigné, PHELYPEAUX. Viſa ſigné, DAGUESSEAU, & ſcellé de cire verte ; & eſt écrit tant au bas deſdits Statuts, que ſur le replis deſdites Lettres Patentes : *Regiſtré, oüi le Procureur Général du Roi, pour jouir par leſdits Impétrans & ceux qui leur ſuccederont en ladite Communauté de l'effet & contenu en iceux & èsdites Lettres patentes, & exécutées selon leur forme & teneur, conformément néanmoins & aux charges & conditions portées par les Arrêts de la Cour des* 12 *Juillet* 1745. 20 *Janvier* 1749. & 21 *Mai* 1751. & *à l'avis du Lieutenant Général de Police & du Substitut du Procureur Général du Roi au Châtelet du* 17 *Juillet* 1751. & *encore suivant & conformément à l'Arrêt de ce jour. A Paris en Parlement le* 20 *Août* 1751. Signé, DUFRANC.

ARREST

ARREST D'ENREGISTREMENT *DES STATUTS* du 20 Août 1751.

Extrait des Registres du Parlement.

VU par la Cour les Lettres Patentes du Roi données à Versailles au mois de Mars 1744. signées LOUIS, & sur le repli par le Roi, PHELYPPEAUX, & scellées en lacs de soye rouge & verte du grand sceau de cire verte obtenues par les Maîtres Menuisiers & Ebénistes de la Ville, Faux-bourgs & Banlieue de Paris, par lesquelles pour les causes y contenues, le Seigneur Roi auroit permis auxdits impétrans de former, comme ils ont fait jusqu'à présent, un Corps en Jurande & Communauté des Maîtres Menuisiers & Ebénistes de la Ville, Fauxbourgs & Banlieue de Paris, & d'élire en la forme prescrite par leurs Statuts & reglemens les Principal Sindic & Jurés de la probité, & capacité requises pour le service & la conservation des droits, & pour l'administration des affaires de ladite Communauté, lesquels après le serment par eux prêté en la maniere accoutumée, feront toutes les fonctions de Jurande, les recherches & les visites nécessaires pour le bien & la Police de ladite Communauté, & tiendront la main à l'exécution desdits Statuts & Reglemens contenus en 106 articles attachés ſous le contre-ſcel deſdites Lettres, leſquels Statuts & Reglemens il auroit approuvé, confirmé & autoriſé. Veut & lui plaît qu'ils ſoient gardés, obſervés & exécutés ſelon leur forme & teneur par leſdits impétrans, leurs Succeſſeurs & tous autres, ſans qu'il y ſoit contrevenu en quelque ſorte & maniere que ce puiſſe être, pourvû toutefois qu'en iceux il n'y ait rien de contraire à ſes Ordonnances, ni de préjudiciable à ſes droits & à ceux d'autrui, ainſi qu'il eſt plus au long contenu ès-dites Lettres Patentes à la Cour adreſſantes, leſdits Statuts contenants, &c. Arrêt de la Cour rendu ſur les concluſions du Procureur Général du Roi en date du douze Juillet 1751. qui avant faire droit, ordonne que lesdites Lettres Patentes & les nouveaux Statuts seront communiqués au Lieutenant Général de Police & au Substitut du Procureur Général du Roi au Châtelet, pour donner leur avis sur lesdites Lettres Patentes & nouveaux Status & Reglemens qui seront aussi communiqués à tous les Maîtres Menuisiers & Ebénistes de la Ville & Fauxbourgs de Paris, convoqués & assemblés en la maniere accoutumée pour donner leur consentement à l'enrégistrement & exécution desdites Lettres Patentes, ou dire autrement ce qu'ils aviseront bon être, pour le tout fait, rapporté & communiqué au Procureur Général du Roi, prendre telles conclusions, & & par la Cour ordonné ce qu'il appartiendra, l'avis du Lieutenant Général de Police & du Substitut du Procureur Général du Roi en ladite Police du 17 Juillet 1751. que lesdites Lettres Patentes & Statuts peuvent être enrégistrées sans aucun inconvénient, pour être exécutés selon leur forme & teneur, qu'il soit enjoint à la Communauté d'y tenir la main, & de les informer exactement des contraventions qui pourroient y être faites, pour y être par eux pourvû suivant l'exigence des cas ainsi qu'il appartiendra; le consentement desdits Menuisiers en date du 16 Juillet 1751 à l'enrégistrement & exécution desdites Lettres Patentes & Statuts pour être exécutés selon leur forme & teneur; un Arrêt de la Cour contradictoire rendu le

12 Juillet 1745. ſur les conclusions du Procureur Général du Roi entre les Jurés en Charge de la Communauté des Maîtres & Marchands Tabletiers, Mouleurs, Piqueurs, Faiſeurs & Compoſiteurs des bois d'éventails, Tailleurs d'images, d'ivoire & enjoliveures de leurs ouvrages de la Ville, Fauxbourg & Banlieue de Paris, les Directeurs en Charge, Corps & Communauté des Maîtres Peintres & Sculpteurs de l'Académie de S. Luc à Paris, les Principal, Jurés en charge & Communauté des Maîtres Menuiſiers Ebéniſtes de la Ville & Fauxbourgs de Paris, & les Jurés & Communauté des Maîtres Selliers, Lormiers & Caroſſiers de la Ville & Fauxbourgs de Paris, par lequel

Arrêt ladite Cour ayant aucunement égard aux oppositions respectivement formées par les Jurés & Communauté des Peigniers-Tabletiers, & par les Jurés & Communauté des Menuisiers Ebénistes aux enrégistremens des Lettres Patentes, portant confirmation de leurs nouveaux Statuts, & à leurs demandes, donne acte auxdits Jurés & Communauté des Peigniers-Tabletiers des déclarations & reconnoissances portées par leurs Requêtes des 9 Décembre 1744. 5 & 14 Janvier 1745. qu'aux Menuisiers Ebénistes appartient le droit exclusif de fabriquer les tables de billard, celles sur lesquelles se jouent les autres jeux, & généralement tous les meubles servans à la décoration & à l'emmeublement des édifices publics & des particuliers, & qu'ils n'entendent point fabriquer la Menuiserie ; donne pareillement acte auxdits Jurés & Communauté des Menuisiers des déclarations & reconnoissance portées par leurs écritures & Requêtes données en l'instance, & nommément par leur Requête du 21 Janvier 1745. qu'aux Peigniers-Tabletiers appartient le droit & faculté de fabriquer & vendre, à l'exclusion des Menuisiers Ebénistes, les damiers, trictracs & autres jeux à simples tabliers ployans & portatifs, sans pied ni tables, comme aussi les masses, racques, houlettes, queues, bistoquets & billes de jeux de billard, les masses & boulles de Mail, les pieces des jeux d'échets, cornets, dez & dames, & tous autres instrumens servants aux différens jeux, généralement quelconques faits avec le tour & les outils propres à la profession desdits Peigners Tabletiers; ce faisant, ordonne qu'il ne sera passé outre à l'enrégistrement des Lettres Patentes desdites deux Communautés vis-à-vis l'une de l'autre, qu'à la charge que les Maîtres d'icelles demeureront maintenus & gardés dans le droit, de fabriquer & vendre les choses susdites, chacun en ce qui concerne leurs arts & professions, sans néanmoins que lesdits Peigners Tabletiers, sous prétexte qu'à eux seuls appartient le droit & faculté de fabriquer & vendre les damiers, trictracs & autres jeux à simples tabliers ployans &

portatifs sans pieds ni tables; puissent faire & vendre des trictracs, damiers & autres jeux à pieds & tables, qu'en faisant faire par lesdits Menuisiers les pieds & tables desdits jeux, & aussi sans que lesdits Menuisiers, sous prétexte qu'à eux seuls appartient le droit de faire les pieds & tables, sur lesquels il y a des jeux de trictracs, damiers & autres jeux, puisse faire & vendre lesdits jeux sur pieds & tables, qu'en achetant chez les Peigniers-Tabletiers toutes les pieces & ornemens de Tabletterie qui servent à composer lesdits jeux, ayant aussi aucunement égard à l'opposition formée par la Communauté des Maîtres Peintres & Sculpteurs de l'Académie de S. Luc, aux mêmes Lettres Patentes des Menuisiers Ebénistes ; donne acte auxdits Menuisiers Ebénistes de leur déclaration portée par Requête du 12 Avril 1745. qu'ils n'ont point prétendu & ne prétendent point être autorisés à faire privativement auxdits Peintres & Sculpteurs, la sculpture inhérente aux corps des ouvrages de Menuiserie ; ce faisant, ordonne qu'il ne sera passé outre à l'enrégistrement desdites Lettres Patentes à l'égard desdits Peintres & Sculpteurs qu'à la charge, conformément aux Arrêts & Reglemens intervenus entre lesdites Communautés, de ne pouvoir faire par lesdits Menuisiers que par eux-mêmes, & concurremment avec les Sculpteurs, les portraits, images taillées en bois, grands & petits, & autres ornemens de ſculptures convenables pour l'enrichiſſement & parachevement de leurs ouvrages, ſans pouvoir, ſous quelque prétexte que ce ſoit, les faire faire par des Compagnons Sculpteurs, ni pareillement entreprendre directement ni indirectement ſur l'art de Sculpture, ayant auſſi aucunement égard à l'oppoſition formée aux mêmes Lettres Patentes des Menuiſiers par les Jurés & Communauté des Selliers, Lormiers, Caroſſiers; ordonne à leur égard qu'il ne ſera paſſé outre à l'enrégiſtrement deſdites Lettres Patentes, qu'à la charge que leſdits Menuiſiers ſe borneront à faire ſuivant les regles de leur art & profeſſion, les caiſſes & corps des bois de caroſſes, chaiſes, caleches & autres voitures dont la conſtruction en bois leur appartient, & à les vendre uniquement auxdits Selliers, Caroſſiers ou autres perſonnes, en ayant beſoin pour leur uſage perſonnel, ſans pouvoir par leſdits Menuiſiers, ſous quelque prétexte que ce ſoit, vendre leſdits corps & caiſſes de caroſſes, caleches, chaiſes & autres voitures autrement qu'en bois, ni entreprendre de les garnir ou faire garnir par les Selliers, Caroſſiers & autres Ouvriers travaillans à la perfection des équipages pour les vendre; que leſdits Selliers, Carroſſiers ſeront maintenus & gardés dans le droit excluſif de garnir & faire garnir leſdits corps & caiſſes des caroſſes, chaiſes, caleches & autres voitures pour en former les équipages, qu'ils ont ſeuls le droit de vendre & livrer parfaits, ſans néanmoins qu'ils puiſſent vendre & livrer leſdits équipages faits, qu'ils n'ayent acheté chez les Menuiſiers les corps & caiſſes de bois, & que leſdits corps & caiſſes de bois n'ayent été préalablement marqués de la marque particuliere du Maître Menuiſier qui les aura fait, & auſſi à la charge que leſdits Menuiſiers ne pourront aller de droit en viſite chez leſdits Selliers, Caroſſiers, mais ſeulement dans les cas où ils croiront avoir lieu d'y aller, en s'y faiſant autoriſer préalablement en la maniere accoutumée; enjoint à tous les Maîtres deſdites quatre Communautés, de ſe renfermer chacun dans les bornes de leurs arts & profeſſions, leur fait deffenſes reſpectives de rien entreprendre les uns ſur les autres, ſous telles peines qu'il appartiendra, les déboute du ſurplus de leurs oppoſitions & demandes; en conſéquence ordonne qu'il ſera paſſé outre ſi faire ſe doit en la maniere accoutumée à l'enrégiſtrement des Lettres Patentes dont eſt queſtion, & que ledit Arrêt ſera imprimé & affiché aux lieux & endroits accoutumés, aux frais & dépens deſdites quatre Communautés ſur le pied que les vacations, épices & coût d'icelui en feront réglés, & qu'il ſera auſſi tranſcrit ſur leurs Regiſtres, ſur le ſurplus des autres demandes, fins & concluſions des Parties, les a mis hors de Cour & de Procès.

Autre Arrêt de la Cour contradictoire, rendu le vingt Janvier mil sept cent quarante-neuf sur les Conclusions du Procureur Général du Roi, entre lesdits Maîtres Menuisiers Ebénistes de la Ville & Fauxbourgs de Paris, Demandeurs & Deffendeurs. Et les Maîtres & Gardes du Corps des Marchands Merciers, Grossiers, Jouailliers de ladite Ville de Paris, Deffendeurs & Demandeurs en oppositions formées entre les mains du Procureur Général du Roi par exploits des 9 Avril 1744. & 4 Mai 1745. à l'enrégistrement desdites Lettres Patentes obtenues par lesdits Menuisiers, confirmatives de leurs nouveaux Statuts, & les Jurés en Charge de la Communauté des Maîtres Fondeurs,

Fondeurs, Sonnetiers, Bosse-tiers, Cizeleurs, & Fabriquateurs d'instrumens de Mathématique de ladite Ville de Paris aussi opposans à l'enrégistrement desdites Lettres Patentes, suivant l'acte reçu au Greffe de ladite Cour le 21 Juillet 1746. & les Gardes Visiteurs en Charge de la Communauté des Maîtres Horlogers de la même Ville opposans à l'enrégistrement desdites Lettres Patentes suivant leur exploit du 7 Février 1747. & encore entre les Jurés en Charge de la Commuté des Maîtres & Marchands Miroitiers & Lunetiers de la même Ville de Paris opposans à l'enrégistrement desdites Lettres Patentes par acte reçu au Greffe de ladite Cour le 19

Janvier 1747. par lequel Arrêt ladite Cour faisant droit sur lesdites oppositions & sur toutes les demandes des Parties visées dans ledit Arrêt, donne acte aux Jurés de la Communauté des Maîtres Menuisiers Ebénistes de leur Déclaration portée par Requête du 15 Février 1746. que par le droit de visite inséré ès articles XXXII. & XL. de leurs nauveaux Statuts. Ils n'ont jamais entendu faire les visites chez les Marchands Merciers, comme ils les font chez les Maîtres de leur Communauté, mais seulement dans le cas où les Merciers commettroient quelques contraventions par rapport aux ouvrages de leur profession, en observant les formalités prescrites par ledit article XL. Comme aussi donne acte aux Maîtres & Gardes du Corps des Marchands Merciers des déclarations faites en l'instance par lesdits Maîtres Menuisiers par leurs contredits du 22 Décembre 1746. & nommément sur l'aticle 13 desdits Statuts qu'ils ne prétendent pas dire & soutenir qu'aucun Maître Menuisier ait le droit de tenir magasin, ni faire d'autres ouvrages que de ceux fabriqués en son attelier par lui, ses serviteurs & apprentifs; ce faisant, ayant aucunement égard aux oppositions & demandes desdits Maîtres & Gardes du Corps des Marchands Merciers, concernants les articles 12. 13. 14. 40. & 65. des nouveaux Statuts desdits Maîtres Menuisiers du Mois de Décembre 1743. maintient & garde lesdits Marchands Merciers dans leurs droits, faculté & possession, de faire commerce de tous ouvrages & Marchandises de Menuiserie à toutes marques & sans marques, même d'en faire venir de dehors la Ville, & de tous Pays étrangers indistinctement finies ou non finies, telles qu'elles peuvent s'envoyer de de dehors, sans que sous prétexte du contenu èsdits articles ou autres & les expressions y insérées, lesdits Menuisiers puissent troubler lesdits Marchands Merciers dans leur Commerce, ni qu'ils puissent saisir & arrêter les ouvrages qui sortiront de chez lesdits Marchands Merciers & de leurs Boutiques & magasins ou qui y seront conduits; pourront cependant lesdits Menuisiers faire des visites chez les Marchands Merciers en vertu de permission du Lieutenant de Police & assistance d'un Commissaire, en présence de l'un des Maîtres & Gardes du Corps de la Mercerie, ou dûment appellé en leur Bureau dans le cas seulement de contravention notable, dont la nature de la contravention, ensemble les noms & demeures de ceux des Marchands qui en seront prévenus, seront expressément désignés dans les Requêtes, qui à cet effet, seront présentées au Lieutenant de Police pour en obtenir sa permission; autorise lesdits Menuisiers à marquer tous les ouvrages qui se feront chez eux, sans que pour ce lesdits Marchands Merciers ſoient aſtraints à ne vendre & débiter que des ouvrages marqués, ni que leſdits Menuiſiers puiſſent aller en viſite chez leſdits Marchands Merciers, ni faire ſur eux aucune ſaiſie que dans le cas ſeulement d'une contravention notable, comme il eſt dit ci-deſſus ſur le ſurplus des oppoſitions & demandes deſdits Marchands Merciers, met les Parties hors de Cour, condamne leſdits Menuiſiers aux deux tiers de tous les dépens envers leſdits Marchands Merciers, l'autre tiers compenſé, donne acte aux Jurés de la Communauté des Maîtres Fondeurs de Paris des déclarations deſdits Menuiſiers portées par leurs Requêtes des 8 Février 1747. & 19 Janvier

1748. qu'ils n'entendent point induire des articles 73. 83. 85. de leurs nouveaux Statuts, avoir le droit de fondre, façonner, ouvrer, cizeler les ornemens en métaux convenables aux ouvrages de Menuiſerie & Ebéniſterie, mais ſeulement avoir le droit d'employer leſdits ornemens ſur leurs ouvrages après les avoir acheté des Fondeurs tous faits & perfectionnés; en conſéquence ayant égard aux oppoſitions & demandes deſdits Maîtres Fondeurs, ordonne que ledit article 73 des nouveaux Statuts des Menuiſiers ſera réformé & contiendra la faculté auxdits Menuiſiers d'entreprendre la ſculpture de leurs ouvrages, y faire en bois ſeulement toutes ſortes d'ornemens, feuillages, ſtatues grandes & petites, les orner & enrichir de tout ce que leur art & l'expérience pourra journellement leur faire découvrir, & à l'égard des ornemens en cuivre, laiton & airain qu'ils jugeront convenables & néceſſaires pour l'embéliſſement, ſolidité & utilité de leurs ouvrages de Menuiſerie & Ebéniſterie, ordonne qu'ils ſeront tenus de les prendre faits & parfaits chez leſdits Maîtres Fondeurs, en ſe conformant à cet égard aux diſpoſitions de la Sentence de Police du cinq Novembre 1723. qui ſont qu'il ne leur eſt permis de faire porter chez eux des ouvrages de fonte non perfectionnés que pour en faire ſeulement la préſentation ſur

l'Ebéniſterie

l'Ebénisterie par le Maître Fondeur qui les aura faits ou en sa présence & par lui en corriger les défauts & les mettre en état de perfection, pour que le Menuisier Ebéniste en puisse faire ensuite la parfaite application sur son ouvrage ; le tout à la charge & condition que les ouvrages propres à chacune desdites deux Communautés, seront marqués de la marque des Maîtres qui les auront faits sur le surplus des autres demandes, fins & conclusions à cet égard, met les Parties hors de Cour, condamne lesdits Menuisiers en tous les dépens envers lesdits Fondeurs, sur l'appel interjetté par lesdits Jurés & Communauté des Maîtres Menuisiers de la Sentence de Police du 4 Janvier 1732. sans s'arrêter à leur demande concernant ledit appel porté par Requête du 17 Juin 1748. dont ils sont déboutés, a mis & met l'appellation au néant, ordonne que ce dont est appel, sortira son plein & entier effet, en conséquence ayant aucunement égard aux oppositions & demandes de la Communauté des Maîtres Horlogers de Paris concernant les articles 13. 32 & 42. desdits nouveaux Statuts des Menuisiers Ebénistes, ordonne conformément à ladite Sentence du 4 Janvier 1732. que les Statuts & Reglemens des deux Communauté seront exécutés; ce faisant, permet auxdits Horlogers de faire par eux-mêmes les boëtes des Pendules & dans le cas où ils ne les feront pas par eux même, leur fait deffenſes de les faire faire par d'autres que par des Maîtres Menuiſiers Ebéniſtes de cette Ville, & de les faire faire, ni de les acheter d'aucuns ouvriers ſans qualité, à peine de ſaiſie & confiſcation & de telle amende qu'il appartiendra, ſur le ſurplus des autres demandes, fins & concluſions à cet égard, met les Parties hors de Cour, condamne leſdits Menuiſiers en l'amende de 12 liv. & en tous les dépens des cauſes d'appel, oppoſition & demandes envers les Horlogers, ayant aucunement égard aux oppoſitions & demandes des Miroitiers de Paris, concernant les articles 31. 32. 43. 51. & 63. deſdits nouveaux Statuts des Menuiſiers, ordonne que l'Arrêt de notredite Cour du 23 Janvier 1747. ſera exécuté en conſéquence, permet aux Miroitiers de faire par eux-mêmes des chaſſis, parquets, cadres & boiſeries néceſſaires pour la tenue des miroirs & glaces ſeulement, d'en acheter les bois pour la conſtruction, & d'avoir chez eux les ouvriers néceſſaires pour les mettre en œuvre; fait deffenſes aux Menuiſiers de les y troubler, ſans cependant que les Miroitiers puiſſent faire & joindre aucuns arriere Corps de Menuiſerie, ni cadres, parquets & boiſeries pour ornemens des glaces, ſur le ſurplus des autres demandes, fins & concluſions, met leſdites Pasties hors de Cour, condamne leſdits Menuiſiers en tous dépens envers leſdits Miroitiers, au ſurplus ordonne qu'il ſera procédé & paſſé outre ſi faire se doit à l'enrégistrement des Lettres Patentes obtenues par lesdits Maîtres Menuisiers, portant confirmation de leursdits nouveaux Statuts en la maniere accoutumée, & aux charges portées par le présent Arrêt, lequel sera imprimé & transcrit sur les registres du Corps de la Mercerie & desdites Communautés des Menuisiers, Fondeurs, Horlogers & Miroitiers sur le surplus de toutes les antres demandes, fins & conclusions, met les Parties hors de Cour & de Procès.

Autre Arrêt de ladite Cour du 21 Mai 1751. rendu sur les Conclusions du Procureur Général du Roi entre lesd. Maîtres Menuisiers Ebénistes de la Ville & Fauxbourgs de Paris d'une part, les Sindic & Jurés en

Charge de la Communauté des Maîtres & Marchands Tapissiers de ladite Ville, opposans à l'enrégistrement desdites Lettres Patentes obtenues par lesdits Menuisiers Ebénistes sur leurs nouveaux Statuts par exploit du 6 Août 1748. les Jurés de la Communauté des Maîtres Serurriers de ladite Ville, aussi opposans, suivant l'acte reçu au Greffe de ladite Cour le 26 Juillet 1748. les Jurés de la Communauté des Maîtres Fripiers de ladite Ville, les Sindic & Jurés en Charge de la Communauté des Maîtres Charons de la même Ville, les Sindic & Jurés en Charge & Communauté des Maîtres Tourneurs de la même Ville, & les Sindic & Jurés de la Communauté des Maîtres Charpentiers

de la même Ville, aſſignés en
ladite Cour, pour voir déclarer
commun avec eux l'Arrêt qui
interviendra, & oppoſans audit enrégiſtrement, par lequel
Arrêt ladite Cour faiſant droit
ſur le tout en tant que touche
l'oppoſition formée par les Sindic & Jurés de la Communauté
des Maîtres Marchands Ta-
piſſiers aux articles 31. 32. 34.
& 36. des nouveaux Statuts des
Maîtres Menuiſiers de Paris,
ayant aucunement égard aux
demandes reſpectives des Parties; ordonne que les Tapiſſiers
pourront tenir & vendre dans
leurs Boutiques & Magaſins
toutes ſortes de meubles & ouvrages de Menuiſerie & Ebéniſterie briſés & non briſés, aux
quels il eſt néceſſaire pour leur
perfection d'employer & ajoûter

l'ouvrage & la main-d'œuvre du Tapissier, à condition toutefois que lesdits meubles & ouvrages de Menuiserie & Ebénisterie, seront faits & fabriqués par les Maîtres Menuisiers Ebénistes de Paris, & marqués de la marque du Maître Menuisier Ebéniste qui les aura faits, & à l'égard des autres meubles & ouvrages neufs de Menuiserie & Ebénisterie, auxquels il n'est pas nécessaire d'ajouter & joindre pour leur perfection l'ouvrage & la main d'œuvre du Tapissier; pourront les Tapissiers acheter lesdits meubles & ouvrages de Menuiserie & Ebénisterie neufs, soit des Maîtres Menuisiers & Ebénistes qui les leur vendront pour subvenir à leurs nécessités, soit des Bourgeois qui les vendront volontairement, ſoit lorſque leſdits meubles & ouvrages de Menuiſerie & Ebéniſterie ſe trouveront expoſés en vente judiciaire à la charge néanmoins 1°. qu'à l'égard de ceux qui ſeront vendus par les Menuiſiers Ebéniſtes pour ſubvenir à leurs néceſſités, il en ſera fait un état dans lequel leſdits Menuiſiers Ebéniſtes, vendeurs, déclareront leurs noms & demeures, reconnoîtront les avoir vendus & ſeront tenus de les marquer de leur marque. 2°. Qu'à l'égard de ceux qui ſeront achetés en vente volontaire ou forcée, leſdits Tapiſſiers ſeront tenus dans les 24 heures après l'enlevement d'iceux, d'en faire leur déclaration par écrit au Bureau de la Communauté des Maîtres Menuiſiers, & de tenir regiſtre conformément à leurs ſuſdites Déclarations tant deſ-dits meubles, que de tous autres qu'il leur eſt permis d'acheter, pour que leſdits meubles & ouvrages neufs par eux achetés, en cas qu'ils ne ſe trouvent marqués de la marque d'un Maître Menuiſier Ebéniſte, puiſſent être marqués par les Jurés Menuiſiers Ebéniſtes de la marque de leur Communauté, ſoit dans les lieux où ils auront été achetés, ſoit dans les Boutiques & Magaſins deſdits Tapiſſiers, à l'effet dequoi leſdits Jurés Menuiſiers Ebéniſtes, ſeront tenus dans les 24 heures de la Déclaration & avertiſſement deſdits Tapiſſiers, de venir marquer leſdits meubles & ouvrages ſans frais, & faute de ce faire dans ledit tems; leſdits

Tapiſſiers pourront en diſpoſer ſans que, par le défaut de marque, ils puiſſent être ſaiſis par les Jurés Menuiſiers ; en conſéquence, ordonne que dans trois mois, à compter du jour de la ſignification du préſent Arrêt, les Jurés Menuiſiers ſeront tenns de faire faire & dépoſer en leur Bureau, ſi fait n'a été, une nappe de plomb, ſur laquelle ſeront empreintes tant la marque de la Communauté, que celle de chacun Maître en partioulier, & que dans ſix mois auſſi à compter du jour de la ſignification du préſent Arrêt au Bureau des Tapiſſiers, les Jurés Menuiſiers ſerout tenus de marquer de la marque de leur Communauté tous les meubles & ouvrages de Menuiſerie & Ebéniſterie, qui ſe trouveront non marqués dans les Boutiques & Magasins des Tapissiers ; & ce en présence de deux Jurés Tapissiers ou eux dûment appellés par une sommation judiciaire qui sera faite à leur Bureau, après laquelle marque générale faite, tous les meubles & ouvrages neufs de Menuiserie & Ebénisterie qui se trouveront chez lesdits Tapissiers sans la marque de la Communauté des Menuisiers ou de celle du Maître Menuisier Ebéniste qui les aura faits, pourront être saisis & confisqués au profit des Menuisiers avec amende & dépens, & jusqu'à ce que ladite marque générale ait été faite, il ne pourra être procédé par les Jurés Menuisiers à aucune saisie chez lesdits Tapissiers des meubles & ouvrages de Menuiserie

& Ebénifterie non marqués; ordonne qu'à l'avenir tous Maîtres Menuifiers Ebéniftes qui vendront des ouvrages de Menuiferie & Ebénifterie, feront tenus de marqner de leur marque particuliere les principales pieces defdits meubles & ouvrages qui peuvent être défaffemblés, & au moins une des pieces qui ne fe défaffemblent point, pour en cas de faifie par les Jurés Menuifiers fur les Tapiffiers defdits meubles & ouvrages comme défectueux, le Tapiffier qui fera faifi, puiffe avoir fon recours contre le Menuifier qui les aura vendu; ordonne en outre que les Jurés Tapiffiers & Jurés Menuifiers Ebéniftes auront le droit de vifite réciproque les uns chez les autres, pour empêcher les contraventions que les deux Communaurés pourroient faire l'une sur l'autre ; & quant aux meubles & ouvrages neufs de Menuiserie & Ebénisterie que les Bourgeois de Paris acheteront dans les lieux Privilégiés, ils seront tenus pour les faire transporter chez eux, de les accompagner, soit par eux-mêmes ou par leurs enfans & domestiques, à peine de saisie & confiscation au profit desdits Maîtres Menuisiers sur l'opposition formée par les Jurés & Communauté des Maîtres Serurriers aux mêmes Statuts desdits Menuisiers; ordonne que les rampes de chaires à prêcher, mentionnés en l'article 50 desdits Statuts, seront faites & posées, sçavoir, celles en bois, par les Menuisiers & celles en fer par les

Serruriers, que toutes les ferrures nécessaires pour assembler, faire ouvrir & fermer, orner & soutenir les ouvrages de Menuiserie & Ebénisterie, mentionnés ès articles 70. 83. & 85. desdits Statuts, seront faites & posées par les Serruriers ; pourront néanmoins les Menuisiers Ebénistes appliquer aux menus ouvrages d'Ebénisterie, les ferrures nécessaires en les faisant faire par les Maîtres Serruriers; comme aussi ordonne que tous les ressorts & ferrures nécessaires détaillées dans l'article 76. seront faits & posés par les Serruriers, que les ferrures nécessaires pour attacher & clouer les manches de bois des armes dont il est fait mention en l'article 80 desdits Statuts, seront faites & posées par les Serruriers ; & ſur l'article 86. des mêmes Statuts, ordonne que les Menuiſiers jouiront du droit qui leur eſt accordé par ledit article de ſaiſir & confiſquer à leur profit les ferrures qui ſe trouveront ſur les ouvrages de Menuiſerie & Ebéniſterie ; lorſque leſdites ferrures ne pourront être ôtées ſans gâter & détériorer leſdits ouvrages de Menuiſerie & Ebéniſterie, ſaiſis ; ordonne pareillement que les Serruriers qui ſe trouveront dans le cas de ſaiſir des ouvrages de leur métier faits par gens ſans qualités, attachés à des ouvrages de Menuiſerie & Ebéniſterie, pourront ſaiſir & & confiſquer à leur profit leſdits ouvrages de Menuiſerie & Ebéniſterie, ſi les ferrures ne peuvent en être ôtées ſans être gâtées

gâtées & détériorées, sauf aux Menuisiers & Ebénistes qui auront faits lesdits ouvrages de Menuiserie & Ebénisterie, à se pourvoir contre l'Ouvrier sans qualité qui aura fait & posé lesdites ferrures : sur l'opposition formée par les Jurés & Communauté des Maîtres Charons aux articles 32 & 81 des mêmes Statuts; ordonne que les Charons ne pourront faire par eux-mêmes, ni faire faire par d'autres que par les Maîtres Menuisiers les corps & caisses de bois pour les carosses, caléches, chars, chaises de postes & toutes autres voitures mentionnées dans ledit article 81, lesquels corps & caisses de bois de toutes lesdites voitures seront marqués de la marque du Maître Menuisier qui les aura faits, sans que les Menuisiers puissent faire aucuus autres ouvrages entrant dans la perfections desdites voitures, ni les vendre parfaites ; & ne pourront lesdits Menuisiers & Charons avoir droit de visite respective les uns chez les autres que dans le cas seulement où ils auroient connoissance des contraventions, auquel cas ils se pourvoiront devant le Lieutenant de Police pour être autorisées à faire les visites nécessaires & saisir les ouvrages qui se trouveront en contravention: Et sur l'oposition formée par les Jurés & Communauté des Maîtres Tourneurs aux mêmes Statuts des Menuisiers ; ordonne que les Arrêts & Reglemens rendus entre ladite Communauté des Tourneurs & celle des Menuisiers, seront exécutés ; en conséquence permet aux Tourneurs d'employer pour la perfection de leurs ouvrages ceux de Menuiserie qu'ils auront fait faire & achetés chez les Maîtres Menuisiers de cette Ville, & qui seront marqués de la marque du Maître Menuisier qui les aura faits, sans préjudice néanmoins du droit des Tourneurs, d'user des outils quant aux rapports qu'ils peuvent avoir avec leur profession & sous les conditions apposées à l'article 31. comme aussi ordonne que les Menuisiers auront concurremment avec les Tourneurs le droit de faire les manches de bois des lances, piques, espontons, javelots & autres armes qui en ont besoin, ordonne pareillement que les

Tourneurs ſeront admis concurremment avec les Menuiſiers à acheter & lottir ſur les Ports de Paris tous les bois de ſciage, ſeulement à la charge par leſdits Tourneurs, d'employer les bois aux ouvrages de leur métier, ſans pouvoir les regrater ni revendre qu'ils ne ſoient par eux manufacturés ; au ſurplus ordonne qu'il ſera paſſé outre à l'enrégiſtrement, ſi faire ſe doit, des Lettres Patentes obtenues par leſdits Jurés des Menuiſiers, portant confirmation de leurſdits Statuts, le tout aux charges & conditions portées par le préſent Arrêt ; déclare le préſent Arrêt commun avec les Jurés & Communauté des Charpentiers de Paris ; & ſera le préſent Arrêt imprimé & tranſcrit ſur les Regiſtres de toutes leſdites Communauté à leurs frais & dépens ſur le ſurplus de toutes autres demandes, fins & concluſions, met les Parties hors de Cour & de Procès, tous dépens compenſés, enſemble la Requête préſentée à la Cour par leſdits Impétrans afiu d'enrégiſtrement deſdites Lettres Patentes; concluſions du Procureur Général, oüi le Rapport de Me Pierre Langlois Conſeiller; tout conſidéré, la Cour ordonne que que leſdites Lettres Patentes & leſdits Statuts ſeront régiſtrés au Greffe d'icelle, pour jouir par leſdits Impétrans & ceux qui leur ſuccederont en ladite Communauté de leur effet & contenu, & être exécuté ſelon leur forme & teneur, conformément néanmoins aux charges, clauses & conditions portées par lesdits Arrêts de la Cour des 12 Juillet 1745. 20 Janvier 1749. & 21 Mai 1751. & à l'avis du Lieutenant Général de Police & du Substitut du Procureur Général du Roi au Châtelet du 17 Juillet 1751. ce faisant, ordonne que les Principal & Jurés de ladite Communauté, seront tenus d'informer exactement ledit Lieutenant Général de Police & le Substitut du Procureur Général du Roi au Châtelet des contraventions auxdits Statuts pour y être pourvû par ledit Juge sur les conclusions du Substitut du Procureur Général du Roi, sauf l'Appel en la Cour sans approbation au surplus des prétendus Priviléges des lieux dits Privilégiés ni d'autres anciens

Statuts que ceux qui auroient été confirmés par Lettres Patentes du Roi régiſtrées en la Cour, ni d'autres Arrêts, Jugemens & Reglemens que ceux rendus par icelle, & qui auront été enrégiſtrés & par elle homologués. Fait en Parlement le 20 Août 1751. Collationné, LANGELÉ, ſigné, DUFRANC.

Mᵉ FRANÇOIS THEODORE REGNARD, Procureur au Parlement & de la Communauté des Menuiſiers & Ebéniſtes.

NOMS

NOMS des Communautés opposantes à l'Enrégistrement des nouveaux Statuts des Menuisiers Ebénistes, & avec lesquelles les Arrêts des 12 Juillet 1745. 20 Janvier 1749. & 21 Mai 1751. visés dans celui d'Enrégistrement, ont prononcé des Reglemens qu'il faut consulter pour l'exécution de plusieurs articles des Statuts qui les concernent.

Arrêt du 12 Juillet 1745.	Les Tabletiers. Les Peintres & Sculpteurs. Les Selliers.
Arrêt du 20 Janvier 1749.	Les Marchands Merciers. Les Miroitiers. Les Fondeurs. Les Horlogers.
Arrêt du 21 Mai 1751.	Les Serruriers. Les Charons. Les Tourneurs. Les Fripiers. Les Tapissiers. Les Charpentiers.

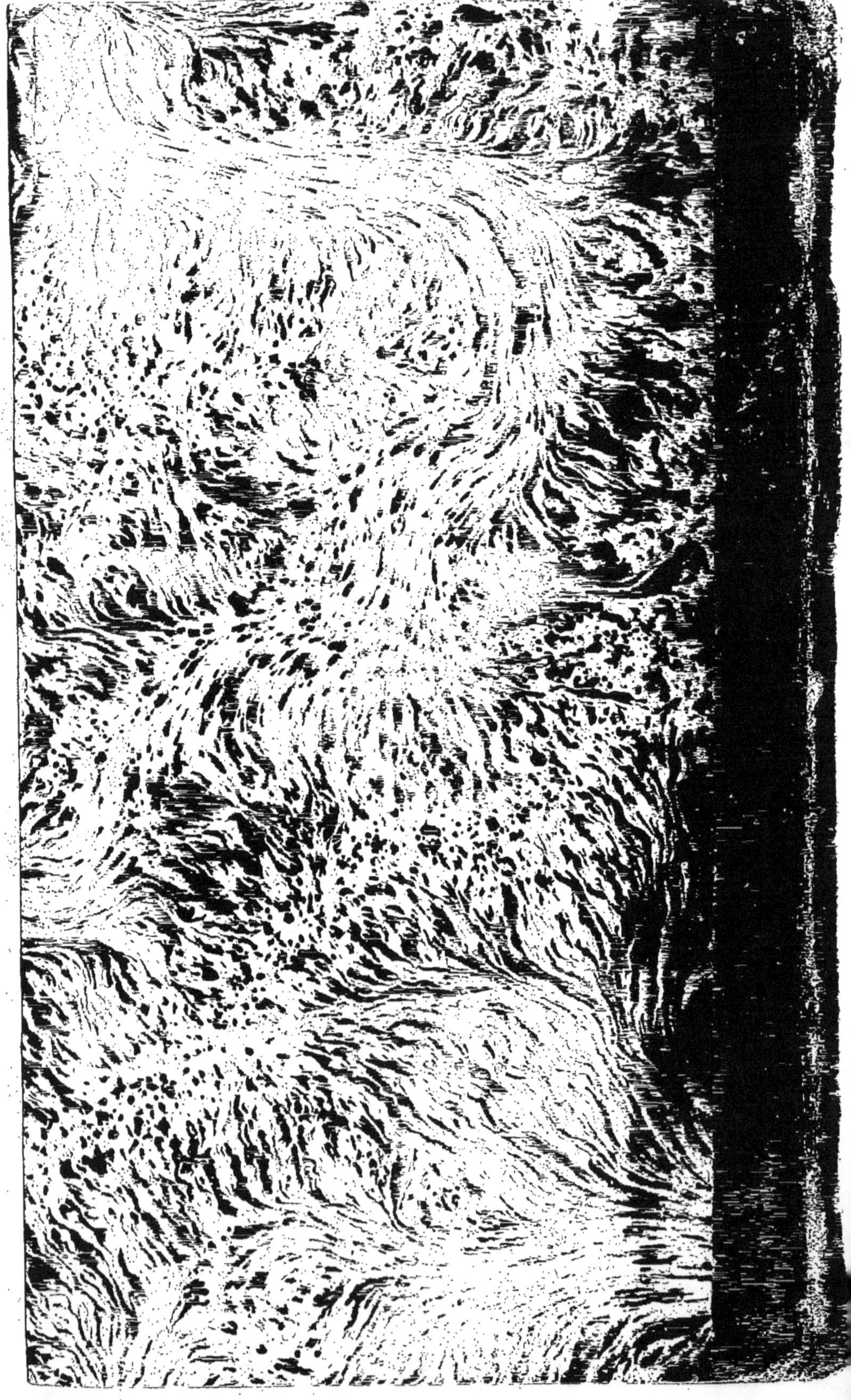

www.ingramcontent.com/pod-product-compliance
Lightning Source LLC
Chambersburg PA
CBHW071957090426
42740CB00011B/1980
9782011335333